私をやめたい。

でも今日
くらいは
笑ってみる

蔡康永 著
森美樹 監訳
長井由花 訳

フォレスト出版

日本版まえがき——三年のときを経て

吉本ばなな

この前書きのお話をいただいたのは三年前のことだった。参考にしようと思い台湾の友人にこの方について尋《たず》ねたら、「私は彼が大好きです、ぜひ読んでください！」と言われた。その人の感覚を信用している私は、日本語に訳されたこの本を読むのを楽しみにしていた。しかしそのとき突然の嵐のようにコロナ禍がやってきて、この話はなくなってしまった。

台湾に多くの読者を持ち、長いつきあいのすばらしい出版社を持ち、友人が住んでいるのでたびたび遊びに行く私。

今の台湾の人たちはいったいどんな感覚で、時代の変化の中、なにを求めなにに悩んでいるのだろう？　といつも思っている私に、再びこの本を日本語で読む機会が訪れたことを嬉《うれ》しく思う。

伝統や社会的規範や他者の目を中心にするのではなく、ただ自分の内面を見つめ、たった今自分がどうふるまうべきかを毎回吟味《ぎんみ》し、新しい道をそれぞれが作ってゆくのがこれからの時代だ。その中で齟齬《そご》が生じたら、争わずにいい距離感を見つけましょう、というあり方。

彼はそれを言葉にするだけではなく、日々気持ちをくだきながら実践しようとしている（この部分がいちばん困難なのだが、私はそうあれるように日々努力しているし、彼は果敢《かかん》に挑んでいると感じた）人なのだ、と仲間のように近しく感じた。

特殊な才能によって個性を伸ばした芸能人は、繊細《せんさい》かつ極端な性質を持っていることが多い。だから、あらゆることを感覚的に理解できる彼の存在がありがたいのだと思う。彼の芸能関係の友人たちのエピソードは、この本にわかりやすさと笑顔を添《そ》えてくれた。

そして、今の日本の若い人たちは時代のあまりの変化についていけず、また震災や災害、コロナ禍、あらゆることを短期間に経験してしまったことでいっそう、なにが自分であるかわからなくなってしまっている。それですっかり萎縮《いしゅく》し、しかも大不況の中にいる。

「どういうふうに生きればいいかはなんとなくわかっているのですが、具体的にどうしたらいいのですか?」ということを、日本の若い人みなさんが私に問う。

その迷いの原因をつきつめて考えるとき、いつもひとつのことを思い出す。

私が幼い子どもと度々行った台湾でいつもおやつにしていた、タピオカのおいしいチェーン店たち。

それらは日本にもやってきたが、今はもうほとんどない。どうして定着しなかったのか? と問われたときの答えは、「日本人は飽きやすい、スイーツも次々に流行っては消えていく」「コロナだったから」そんなところだろうと思う。

でも違うのだ。

台湾では、きっと単なるアルバイトであろう若い人たちが、そのドリンクを、ほんとうに厳密に注文通りに作る。

「砂糖30パーセント、氷少なめ、プリントッピング」「砂糖なし、烏龍茶熱め、ミルク少なめ、タピオカダブル」などなど、計り知れないくらいのバリエーションがあり、複雑で細かいそれぞれの人の要求に彼らはぴたりと答えてくる(例外もあるのだろうが、私は出会わなかった)。

みなが真剣に、「決してなにか大きな目的や目標や評価を求めているのではなく」、しっかりとお客さんの要求に答えるのだ。それが仕事だから。たとえバイトであっても、手は抜かない。それが誇《ほこ》りだから。と思っているのが伝わってきた。

日本ではタピオカが文化の中に根付いていないからだけでは決してなく、熱いのを、と伝えてもぬるく、甘くなくとお願いしても等しく甘く、なんのために台湾の本店と同じマニュアルで細かい注文を受けたのですか？　と言いたくなる結果が高確率で待っていた。

「ミルクティー熱々でプリントッピング、と注文が来る。熱い温度でミルクティーを入れる。しかしそこに冷たいプリンを入れたらもちろん冷める。そんなことはわかるけれど、しかたがない。自分はバイトに過ぎないし、この時間なんとなく飲み物を作っていれば、時間が過ぎて、いっしょうけんめいやろうがやるまいがお金は同じだから」、基本的にそういう人たちばかりがそこにいた。

あるいはそういう問題について考えたことがないのか。

経営陣もとりあえず流行りのうちに儲《もう》けて撤退すればいいと思っていたからなのか。

つまり彼らは仕事を愛していなかったのだ。

なんと、その集積によって、結果的にタピオカ文化はほぼ日本から去っていった。

「目の前のタピオカを、楽しみながら注文通りにしっかり作って、受け取って飲みはじめた人の『これが飲みたかったんだ、よくぞぴったり作ってくれた。小さな願望が叶った』という笑顔を見てみると、人生が少し変わってくるよ。そこで手渡されるのは単なる飲み物ではないんだ。そのときは面倒くさく感じても、夢中で毎日仕事しているうちに、何かが見えてくるし、開けてくるよ。そして小さな文化ができあがるんだ。それはやがて大きな支えにつながっていく」

そんなことにとってもよく似た具体的な方法を、この本は教えてくれると思う。

「why より how を多めに」、それが結果的に自分を生きる幸福な人生であることを。

まえがき

あなたの世界に、あなたはいるのか？

朝一番にやること。

スマホを開いてＳＮＳをチェック。目に付く人、モノ、コト、片っぱしからイイネを連打。気になる人、モノ、コトにはコメントも忘れずに。

数分後にはイイネやコメントも返ってくる。

今日は何人？　いくつにイイネをした？

今日の友だちは何人？　こんにちは。名前も知らない人。

名前がないのは私も同じ？　あれ、私って誰《だれ》？

充実した一日の始まりは、正体不明のイイネとコメントの数。これで私の存在価値が決まるの。

「ねえ、あなたは、そんなふうに思って生きて、死んでいくつもり？」


いきなり失礼なコメントでごめんね。

はじめまして。僕は蔡康永（ツァイ・カンヨン）。

台湾出身のテレビ司会者。

僕は仕事の関係で、これまで数多くのさまざまな人たちをインタビューしてきたんだけど、ある時、一つの共通点を見つけたんだ。

それは、みんな「自分らしく生きたい」と思っている、ということ。

だから、あなたにも聞いてみたい。


「本当に自分を生きている？」

「自分らしく生きたいと思っているんじゃない？」

ってね。

ネットの中や、画面の向こうに存在する不特定多数のハンドルネームは知っていても、本当の名前を知らない人たちに合わせて笑っている日々。

楽しいけれど、薄っぺらな日々。

だんだんと自分が蝕《むしば》まれて、本当の自分を忘れてしまう。

イイネやコメントは忘れないのに、自分を忘れて、やがて人生にも絶望してしまう。

「私、今までどうやって生きてきたんだっけ？　どうやって生きていけばいいの？」

あなたを惑わすピントのずれた言葉

自分がどんな人間で、どんなふうに生きたいと思っているのか、わからないなんて、悲しすぎると思わない？

ここで、うっかり罠《わな》にはまってしまいそうなピントのずれた言葉を、３つ紹介するね。

「お誕生日おめでとう。あなたの毎日がよろこびに満ちたものでありますように」

とても素敵《すてき》な言葉だし、他人があなたの幸せを願うなんて、優しさに満ち溢《あふ》れていそう。

でもあなたは、今、不幸なのかな？

これって、お腹いっぱいだって言っているのに、「世界一美味しいものだから、このパンケーキもタピオカもケーキも毎日全部食べてね」と押し付けられているみたいじゃない？

「『死ぬ』だなんてこと、軽々しく言うのはやめて。悲観的よ」

心配してくれるのはありがたいけれど、これこそ軽々しく言われるとちょっと困ってしまわないかな。

人はみな死ぬのに、どうして死をタブー視するんだろう？　死を避《さ》けられる人はいないよね。「軽々しく言う」と決め付けているけれど、軽々しく言うことで、つらさを軽減しようとしているかもしれないのに、ますます悲観《ひかん》的になってしまいそう。

「またテストで一番だったのね、いい子ね！」

褒《ほ》められた、うれしい！　有頂天《うちょうてん》になってしまいそうだけど、これも人を混乱させてしまう言葉って、知ってた？

だって、クラスで一番はたった一人でしょう。二番だって、ビリの子だって、クラス全員をそれぞれ褒めてあげてもいいと思わない？

なによりも、「いい子」という基準で褒めると、相手にとっての「いい子」をつねに演じてしまいそうになるよね。

相手の言うことを聞くのが重要なんだって、子どもに勘違いさせる言葉だと僕は思うんだ。

あなたらしく生きるための方法

「なんだか嫌だなぁ、蔡さんってイジワル」って思ったかな？

待って、本を閉じないで。あなたに知ってほしいことがあって、僕はわざとあげ足をとったんだ。

じつは、僕たちの周りにはピントのずれた言葉が溢れている。

こうした言葉を、いつのまにか無意識に、自分の中に異物として取り込んでしまっているんだ。

あげ足をとると、この異物に気が付いて、取り除くことができるようになるんだ。

だから僕は、

「誰でもあげ足をとる練習をしてほしい」

と大声で叫びたいんだ。

わかりやすく言い換えれば、

「ツッコミを入れる練習」

かな。

あなたの心には、あなたの心のルールがあるんだ。

何が赤信号で何が青信号なのか、完全オリジナルのマイルール。

人生という道を心地よく通行していくための、あなただけのマイルールに気付くことができたら、どんなに満足感があって、毎日が「エモい！」ってなるんだろう。


そう、エモい。

エモはエモーショナル。

僕がこの本で伝えたいのは、「エモーショナル・インテリジェンス」なんだ。

別名「ＥＱ」。

ＥＱは、心の知能指数と訳されているけれど、僕は単純に、

「のびのび自分らしく心地よく生きる知恵」

ということでいいと思ってる。

ＥＱが高くなると、多くの人が共に暮らすこの世界で、のびのび自分らしく生きられるようになるんだ。

人生における一番大切なことに気付かせてくれる力

「のびのびと自分らしく心地よく生きる」

そのために必要なのは、

「物事を偏《かたよ》りなくありのままに認識すること」

ひとことで言えば、

「見る力をつける」

ということ。

見る力がつくと、心の器が広がるし、柔軟にもなる。

すると、一番大切なことにフォーカスしていられて、気にする必要のないことに振り回されなくなるんだ。

偉そうに語っている僕だって、まだ人生の途中だし、練習の毎日。

一歩一歩味わいながら、慌《あわ》てずにのんびり楽しんでいるところだよ。

あなたが僕と一緒に、はじめの一歩を踏み出してくれると、とてもうれしいんだ。

あなたはあなたの世界で、唯一の主人公。
競争はおろか、張り合う必要もない。
あなたと僕の共通点は、一つだけ。

「人生はこの一度きり。生まれ変われるなんて保証はない」

さあ、上を向いて。
一度きりの人生、黒い鳥でも、白い鳥でも、ぽっちゃりな鳥でも、ガリガリな鳥でも。
それぞれ思い切り、自由自在に大空を羽ばたいて行こう。

私をやめたい。でも今日くらいは笑ってみる

目次

第1章
ありのままの自分と対峙する「分身」の存在

第2章

感情に振り回されないために「心」を知る

第3章

どんな感情も味方にする「魔法」みたいな生き方

第4章

「生」を全うするために人生の在り方を考える

第5章

自分らしく生きるための「幸せ」の考え方

装丁	井上新八
本文デザイン	二神さやか
イラスト	加藤宗一郎
校正	大江多加代
DTP	株式会社キャップス
翻訳協力	岩城光名子、株式会社トランネット　https://www.trannet.co.jp/

第1章

ありのままの自分と対峙する「分身」の存在

ラベルで覆われた心の鎧を身にまとっている

「ほしい」って思わなくても、おさえておくべきファッションやメイク、聴くべき音楽、観るべき映画、知っておくべきモノやコトが、全部指先でわかってしまう。

人差し指を、右から左、それでOK。

ことあるごとに、あなたはスマホを開く。

ほしいと思っていないのに、自分の意思とは関係なく、情報が目に入ってくる。

Tシャツにジーンズを着こなして、颯爽《さっそう》と歩くモデルの姿を、あなたは親指と人差し指で拡大してみた。

「ん？　タグがいっぱい付いてる」

モデルの頭のてっぺんからつま先まで、小さなラベルやシール、タグがこれでもかってくらい付いていている。

そんなスマホをタップしているあなたの手にも、何やらタグが付いている。

よく見たら、あなたの手首に金でできた豪華なタグが付いていて、ウエストには文字が刻印されたベルトのようなタグ、膝にはデニムのタグ、足首や額《ひたい》や背中にも、布製やら紙製やら、ごちゃごちゃしたタグやラベルが付いている。

風が吹いたらかんたんに剥《は》がれ落ちてしまいそうな、付箋《ふせん》みたいなものまである。


「なにこれ、私がバーゲンセールされてるの？」


あなたは、そこで目が覚めた。

ベッドの中であなたは、「変な夢。夢でよかった」と胸をなでおろす。

ベッドサイドのスマホに手を伸ばすあなたに、僕は待ったをかけた。

「それ、夢じゃないかもしれないよ」

「何を言っているの？　だってもう体のどこにもタグもラベルもないじゃない」

いいえ、あなたは見えないタグやラベルをたくさん付けているよ。


「○○高校でトップの成績だった」

「実家は由緒正しい○○家の子孫」

豪華な金のタグには、あなたがとても大事にしてきたことが刻印されているし、

「うお座の人は恋愛にのめり込みすぎる」

「この世はお金さえあればなんとかなる」

「痩《や》せればモテる」

布製や紙製のラベルには、あなたが正しいと信じている価値観が書かれているし、

「オシャレなのはパンケーキでホットケーキはダサい」

「写真の小顔修正は、背景が歪《ゆが》むまでやるのはＮＧ」

ペラペラの付箋には、たいして大事には思っていないこだわりが書かれているんだ。

まるで、タグとラベルに包まれた着ぐるみ。

「ひどい！」とあなたは怒るかもしれないね。

あ、よく見たら、あなたの品のよさや美しさを引き立てる、あなただけのタグやラベルもあるけれど、それ以外のタグやラベルでかすんでしまっているよ。

でもあなたは、何の悩みもなく、自由を感じているのかな？

だったら、あなたはタグやラベルに気付いていないということで、邪魔《じゃま》にも感じて

いないってことさ。

この状態が普通なんだね。

今、少しムカッときた？

ムカッときたとしたら、何か思いあたるふしとか、危機感を感じたのかもしれないね。

この世界は、みんながあなたみたいになっているんだ。

タグやラベルが知らないうちに、たくさん貼《は》り付いていて、みんながみんな、タグやラベルまみれの着ぐるみ状態。

タグやラベルの厄介《やっかい》なところは、自然に剥がれ落ちるものがある一方で、新たに出現するものも多いってこと。

意識して取り除いたり、貼り付かないように注意しないと、どんどん増え続けてしまうんだ。

心が戦闘モードになってしまう理由

さらにこわいのが、タグやラベルが大きくなって、大きくなったタグやラベルがあなたの目や耳を塞《ふさ》いでしまうことなんだ。

目や耳が塞がれてしまうと、どうなるのかって？

あなたの行動が制限されたり、物事をありのままに捉《とら》えられなくなってしまうんだ。

そうなると、どうなるのかって？

あなたは生きにくさを感じてしまう。

結果、あなたの人生に支障が出てしまうんだ。

やっぱり「ひどい！」とあなたは怒るかもしれない。

思いあたるふしがあるんじゃないかな？

僕が伝えたいのは、

「あなたは今、レッテルを貼っているのと同じ状態」

だってこと。

もっとはっきり言ってしまえば、

「レッテルに乗っ取られて、あなたの中に湧《わ》き起こる感情や反応が、本来の自分のものではない状態」

さらによくないのは、あなたが、あなたのレッテルを人にまで貼り付けて、その通りに行動するようコントロールしてしまうかもしれないってこと。

もちろん、逆のパターンだってある。

あなたが誰かにコントロールされてしまう可能性だってあるんだ。

そんなタグやラベルなんか、付いているはずがない。タグやラベルが付いていたとしても、さすがに着ぐるみになるほどは付いていない、って思ったかな。

でも、洋服に付いているタグやラベルに、ブラックやホワイト、レッドやブルーがあるのと同じように、あなたや誰かに付いたタグやラベルにも、いろいろな種類があるんだ。

「どうしてうちの子はこんなに成績が悪いのかしら？　私はそこそこできたのに」

っていう、ブラックなタグとか。

「あの子の結納金が三百万円なら、うちの娘は五百万円以上でなくちゃ」

っていう、ブルーなラベルとか。

なかには、

「この投稿でイイネが二百いかないなんて信じられない」

「なんで今日に限って渋滞するわけ？　あの人から恨《うら》まれているからかも」

「せっかく投資したのに値上がりしないなんて、本当に最悪！」

なんていう、レッドな付箋もあるかもしれない。

こうやって数えていくと、誰しもが数百や数千のタグやラベルがありそうじゃない？

このタグやラベルに扮《ふん》したレッテルは、僕たちがまとう透明な着ぐるみ。

いや、着ぐるみなんてやさしいものではなく、鎧《よろい》みたいな強固なものかも。

鎧レベルになると、たちまち戦闘モードになって、どこへ行っても粗《あら》探しをしてしまう。

「これはまちがってる」

「あれはヤバい」

なんて、あなただけの物差しで、物事をジャッジしまくる。

あなたはいつのまにか、世の中や人との間に距離を作ってしまうんだ。

そして肝心の本人は、これになかなか気付けない。

さらに残念なことに、レッテルの着ぐるみや鎧に隠れた本当のあなたの姿も、相手から見えにくくなってしまう。

「ひどい……」とあなたは落胆したかもしれないね。

大丈夫、うつむかないで。

知るべきことを知ったら、あとは対処していくだけだから。

あげ足をとってラベルの取捨選択をする

どんなことにも「こうあるべき」という型があると、あなたは思っていないかな？

そう思い込んでしまうと、いるはずもないのに敵が潜《ひそ》んでいるんじゃないかと、つい探して、ジャッジしてしまうんだよ。

あなたが思う「こうあるべき」を、みんな等しく守るべきだと豪語《ごうご》して、歩き回るようになってしまう。

これを全部、心の中だけでやる人もいる。

「心の中だからいいじゃん」って思うかもしれないけれど、タグやラベルになって外側に貼られてしまったら、けっこう大変だと思わない？

タグやラベルの着ぐるみ状態で、「こうあるべき」という型に合わない出来事に遭《そう》遇《ぐう》してしまうと、あなたはどうなってしまうんだろう？

嫉妬《しっと》、怒り、疑い、自己否定、被害者意識。

そんな感情が、あなたの心に渦《うず》巻いてしまうんだ。

それも、あなたの意思とは無関係に、機械的に自動発令してしまうんだ。まさにオートマチックな戦闘モード。

たとえば、急いでいるのに渋滞に遭《あ》って、イライラしている。

この時、ターゲットになるのは「交通」そのもののはず。

焦り、怒り、恨みの感情が湧き起こるけれど、そもそも「交通」という敵をやっつけるのは無理だよね。

たとえば、「うちの子は、試験でトップ10に入ってしかるべき」「私の娘の結納金は五百万円」と言っている人たちって、いったい何を根拠《こんきょ》にしているのだろう？

「パンケーキはオシャレでホットケーキはダサい」と言い広める人は、ホットケーキを食べてムカムカするのかな？　ホットケーキを販売中止にさせたいのかな？

「交通」も「ホットケーキ」も、あなたの敵じゃないよね。

考えてみると、一つ一つは小さなこと。

でも、小さなタグやラベルが寄せ集まってしまうと、本当のあなたがたちまち隠れてしまうんだ。

あなたも、あなたが知らない誰かも、僕も。

もちろん、悪気なんてないよ。

でも僕は、自分の考えていることや、自分が口にしたことが、本当に僕の心の中から生まれたのか、本当に筋《すじ》が通っているのか、知らない誰かの受け売りではないか、チェックする癖《くせ》を付けているんだ。

世間の常識、親や先生や友だちなどの他人から言われたこと、ネットやＳＮＳで言われていることに対しても、チェックを入れてみて、あげ足をとったり、ツッコミを入れる習慣を身に付けてほしいんだ。

毎日が一人ツッコミ劇場って感じかな。

一人ツッコミ劇場に慣れてくると、あなたが本当に認識したいことは何か、あなたは本当は何が好きなのか、どんな状態を望んでいるのか、全部明らかになってくるんだ。

こうやって一つずつ、タグやラベルを剥がしていくと、いつしか着ぐるみも鎧も、あなたから消えていくよ。

一人ツッコミ劇場をすることで、「そうありたい」「そういうふうに生きたい」って願うあなた自身の姿が浮かび上がってくる。

目標もはっきりしてくるから、あなたが望む状態へ少しずつ近付いていけるんだ。

「自分らしい」自分って何？

秒単位で変化していく世の中。

ネットニュースを見れば、古今東西の幸せや不幸が入り乱れている。

あなたは、「うらやましい」とか「かわいそう」とか、あなた自身のエピソードに置き換えて、笑ったり泣いたりしているかもしれない。

みんな、「こんなはずじゃなかった」とか、「自分らしく生きたかった」とか、言い訳みたいに言っている。


「ていうか、自分って何？」


と、あなたはツッコミを入れるかな？

確かに、自分って何だろうね。ちょっと想像してみてほしい。

もしも、あなたの体の中に、別の人の心が入っていたら？

もしも、電子レンジの中に、あなたの心が入っていたとしたら？

「それって、超ＳＦ。漫画の世界の話。ありえない」

あなたは鼻で笑うのかな。

でも、ちょっと待って。

「今」と言った瞬間から、「今」ではなくなってしまう世界で、一秒前の「あなた」と、「今」のあなたは違うよね。

時間って不思議でしょう。

同じように、考えが次々と浮かんできたり、気分がコロコロと変わるのは、感覚が規則性なく、毎秒変化するからなんだ。

感覚が変われば、感情も変わっていく。

恋愛したいと思ったのに、やっぱり一人がいいと思ったり、成功してお金持ちになりたいと思っては、やっぱり忙《いそが》しいのは嫌だからこのままがいいとか。

あなたは、あなたの気まぐれに呆《あき》れてしまうかもしれない。

でも、それってちっとも変じゃないし、悪いことでもない。

あなたが毎秒変化するのは、感覚が生まれては消えて、集まっては散《ち》らばるのを絶えず繰《く》り返しているからなんだ。

自分と向き合うことが「自分らしく」生きるための第一歩

多くの人は、自分に起こった反応や感情、自分の感覚をなかなか認められない。

認めるのは、弱く、みっともなく、恥ずかしいことだと思っているからね。

あなたや僕が、反応や感情と向き合うのが苦手なのも、こうした原因も影響しているんだ。

誰かを好きになったり嫌いになっても、心の中にしまいこんだり、寂しいのに平気なふりをして、SNSで元気を装ったりしてね。

あなたは、ついカッコつけて、我慢《がまん》していないだろうか？

これって、あなたの感情に、あなたが自ら蓋《ふた》をしているようなもの。

「女の子なんだから、お行儀よくしなさい」

「男の子なんだから、転んだくらいで泣いちゃダメ」

なんて、子ども時代に押し付けられたしつけも、影響しているかもしれない。

感情を押し殺すのが大人になることだと、思い込んでいる人もいるかもしれない。

生きていれば、感情は自然に生まれるし、湧き上がってくるよね。それなのに、そう考えない人がとても多いんだ。

衝動《しょうどう》的な感情に支配されて、理性を失った行動をとってしまうのが、こわいのかもしれない。

その気持ちも、とてもよくわかる。

そうしたら、深呼吸をして、冷静に感情を伝えてみればいいんじゃないかな。

自分の中にそっとしまっておくだけで、感情を押し殺す必要はないよね。

誰かの受け売りで、無理してポジティブ信仰になるのもおかしいし、悲しみから逃げてばかりで、悲しみが果たす役割について、ちっとも考えなかったりするのもよくない。

僕たちは、自分の反応や感情と向き合わない、観察しない、知ろうとしないんだ。

わかるよ。心の傷は体の傷より痛いんだから。

でも、それって、自分を大事にしていないのと同じこと。

自分に背を向けて、逃げてばかりいるにもかかわらず、

「自分らしく生きたい」

って、みんなが願っている。

もちろん、あなたも。

これって、シックスパックの腹筋を目指しているのに、夜食をがっつり食べて体重計を見ないようにしているのと同じじゃない？

心から、

「自分らしく生きたい」

と願うのなら、まずは誠心誠意、「自分の反応や感情」と向き合おう。

ありのままの反応や、ありのままの感情を、偏らないでちょうどよく理解できるようになると、あなたは必ず、内側から変化していくようになるんだ。

心のドアを閉めるスキルを身に付ける

東京の、あるお店にスニーカーを買いに行ったときのこと。

ようやく辿《たど》り着いた時には、店員さんがドアを閉めようとしているところだった。

僕は慌てて声をかけた。日本語は話せないから英語でね。

「今日はもう閉店ですか？」

すると店員さんは、手でバツを作りながら、ぎこちない英語でこう言った。

「今日は閉まりました」

東京に滞在している間に、なんとしてもスニーカーを手に入れたい。僕は、明日は営業しているか尋ねてみた。するとこんな答えが返ってきた。

「明日はもっと閉まっています」

英語のたんなる言い間違いだけど、僕はこの「もっと閉まる」という表現が、すごく気に入ってしまって、今でも忘れられないんだ。

「心を開いて」

なんて言葉はよく耳にするし、いい意味で使われるけれど、

「心を閉じて」

とは、誰も言わない。

でも僕は、心のドアを閉めることも大切だと思うんだ。

部屋のドアを開けっ放《ぱな》しにしないのと同じで、心を開けっ放しにしたら、得体のしれない何かだって入って来ちゃうよね。

だから、心のドアは閉めることも必要なんだ。

これは、あなたがあなたと向き合うために、身に付けたほうがいいスキル。

現代を生きる人たちの心は、とても騒《さわ》がしくて雑音ばかり。目から、耳から、ひっきりなしに、あなたの中に情報が侵入してくる。

いちいち反応して感覚が刺激されて、情報と同じ数だけ感情が生まれて、あなたはいつも大忙し。疲れた感覚が麻痺《まひ》するほどで、気が付けば疲労困憊《こんぱい》。

そう、自分の意思とは関係のない情報に振り回されて、余計な感情に心が蝕まれていくんだ。

ほら、お目当てのスニーカーがほしいだけだったのに……。

ショップに向かう間にも、ビルの電光掲示板やら、通りすがりの人のおしゃべりやら、ドラッグストアのポップやら、情報に曝《さら》されてきたでしょう?

心のドアを閉める力がないと、自分の感情が、情報に翻弄《ほんろう》されてしまう。

ほしかったのはスニーカーなのに、パンプスを買ってしまったりするかもしれない。

そんな事態にならないためにも、「一人で過ごす静かな時間」を大切にしてほしい。

これが、ドアの役割を果たすんだ。

心のドアを閉めると、自分にとって不要なものを見極めやすくなるし、自分に必要なものを認識できるようになるんだ。

大事な記憶と感情を、適切に保管することもできる。

「でも、心のドアを閉めるなんて、孤独っぽい」

とあなたは不安になるかもしれない。

でもね、本当の孤独は、とても贅沢《ぜいたく》な時間なんだ。

あなたが、あなた自身をじっくりと見つめて、自分を理解しようとする時間。

たいして仲がいいわけではない友だちや、意味もなく付き合うだけの退屈な人たちと群れるほうが、かえって孤独を感じないかな？

自分と向き合う最高のチャンスはこうして生まれる

「一人で静かに過ごす時間」と言っても、瞑想《めいそう》や座禅を組めと言っているんじゃないよ。

たとえば、あなたが興味のある本や映画。それらを使って、自分と向き合うことができるんだ。

優《すぐ》れた本や映画は、「人の心を目覚めさせる」と称賛《しょうさん》されることが多い。

心のエネルギーが枯渇《こかつ》して心が空っぽになっている時に、本や映画に描かれている日常では味わえない世界に触れると、心の感覚が呼び覚まされるんだ。

ところで、本や映画を楽しんでいる時に、

「主人公は頭を抱えて悩む時間も少ないし、思い通りにすぐ行動できていいな」

と思ったことはない？
「本は一冊、映画は二時間。現実の人生の何分かの一だから」
なんて、味気ない答えが出そうだけどね。
彼らは彼らで、一冊分の、二時間分の人生を、僕たちと同じように生きているよ。
もちろん、僕たちの時間だって無限じゃない。悩み、迷い、その過程も貴重な時間。
人生における、永遠の悩みや迷いの一つは、
「本当は自分のことがわからない」
これだよね。
僕には僕がわからない。あなたにもあなたがわからない。
あなたは確かにあなたなのに、あなたは一番あなたがわからない。
生きるって、めんどうくさいよね。
でも、めんどうくさいからこそ、面白いんだよ。
もしも、生まれた時から自分の取扱説明書があって、掃除機やジューサーのように、
組み立てもかんたんだったら、そんなのつまらないと思わない？
取扱説明書もなく、刻々と変化するあなたを、あなたが、一生をかけて理解する。

そのほうがやりがいもあるし、きっと楽しいに違いないよね。

「一人で静かに過ごす時間」は、あなたがあなたと向き合う最高のチャンス。

本を読んで、映画を観て、あなたにどんな反応が起こるのか？

あなたにどんな感情が湧いてきたのか？

そういうのをじっくりと見つめたり、質問したり、あげ足をとってツッコミを入れてみてほしい。

自分を、ニュートラルな視点で観察してみるんだ。

あなたが、あなたを、ありのままに認識できるように、一歩一歩、コツコツ練習していこう。

本や映画や音楽や絵画じゃなくたっていい。あなたの心を震《ふる》わす刺激であれば、何でもいいんだ。

最強の助っ人は自分の中にいる

小さい頃、あなたは魔法少女やヒーローに憧《あこが》れなかった？

呪文《じゅもん》を唱《とな》えるだけで、もう一人のあなたが現れる魔法。

あるいは、

「うちにもドラえもんがいたらいいのに」

なんて、空想しなかった？

小さい頃だけじゃなく、大人になった今だって、きっと誰もが一度は夢見たんじゃないかな。

でも、あなたの分身、「もう一人のあなた」は、あなた次第ですぐにできるんだよ。

たとえば友だちに、

「ねえ、明日一緒にゴハン行こうよ」

って、誘われたとするよね。

「ごめん、明日は家にこもって、一人で過ごすんだ。ていうか、分身と一日を過ごそうと思って」

なんて答えてしまうと、

「ちょっとヤバい？」

と思われてしまうかもしれないけれどね。

でも僕は、いたって大真面目。

分身を育てておいて、一人の時間に会話するのは、超おすすめなんだ。

魔法が使えなくても、ドラえもんがいなくても、あなたは、あなたの分身を作ることができる。

それも、とびっきりに気の合う分身をね。

ちなみに、僕が分身と呼んでいるのは、完全な自分のコピーではないよ。

僕の言う分身は、偏りのないニュートラルな視点で自分を捉える、もう一人の自分のこと。

あなたはどうしたいのか、どうありたいのか、あなたの望みにフォーカスしてくれる、そんな存在のこと。

あなたにはあなたの、僕には僕の、超頼りになる助っ人、それが分身。

しかも自分で作れてしまう、秘密アイテムでもあるんだ。

自分を見失いそうになった時、感情を打ち明けられる唯一の人

僕は、子どもの頃から分身に興味があった。

大人になった今は、分身の作り方も覚えたし、しょっちゅう分身に助けられているんだ。

分身は想像上のもので、ぶっちゃけてしまえば、幻《まぼろし》。

幻に助けられているだなんて、「超怪しい！」って疑われてしまうかな？

まあでも、ちょっと聞いてほしい。

僕たちは、自分の感情と向き合うのがすごく苦手だよね。つい避けてしまう、って

言うほうが正しいかな。

けれど、湧き上がった感情を、ありのままにきちんと認識しない状態が続くとどうなるのか？

だんだんと、自分がわからなくなってしまうんだ。

自分の感情と向き合うのは、正直けっこう難しい。

だって、

「一緒にあなたの感情と向き合ってあげるよ」

なんて、友だちから親切な申し出があったとしても、気兼《きが》ねなく自分のドロドロな感情を吐き出せる人が、この世にどれだけいるだろうか？

あなたにはできる？

どんなに親しい友だちでも、両親でも、兄弟姉妹でも、ありのままの感情を見せるのは、抵抗があるんじゃないかな。

一方で、自分から生まれた自分の分身なら、どうだろう？

感情のキャッチボールができる、最高最良の相手だよね。

自分のことがわからなくなった時、自分を見失いそうになった時、分身と一緒に、感情と向き合ってみよう。


眠ること、夢を見ること。

これは、自分にしかできない。

お腹が痛い、お腹が空いた。

これも、誰かに代わってもらうわけにはいかない。

感情だって同じ。

友だち、両親、兄弟姉妹。ネットだけでつながる知人、不特定多数の誰か。

そういう人たちに愚痴《ぐち》や悩みを打ち明けても、あなただけの感情にしっかり向き合って対処することは、結局、あなただけにしかできないんだ。


分身はどこにいるのかって？

それは、あなたの想像の中。

ほら、小さい頃に、おままごとやごっこ遊びをしたよね。

あなたがママでパパで子ども、っていう架空の家族をあなた一人で作って、あなたが全員を演じてた。魔法少女になる想像もしていたかもしれない。

こんなふうに、自分自身と分身の一人二役をするのが、分身との会話なんだ。

感情の絶対的な傍観者「分身」

ここで、ちょっと考えてみてほしい。

噂話《うわさ》をして、他人をどうこう言っていること、あるよね。

そういう時、他人を冷静に客観的に見ている自分に、気付いたりしない？

自分のことになると周りが見えなくなってしまうのに、第三者の立場にいると、物事を冷静に客観的に見ることができる。

分身って、つまりそういう役割をしてくれるんだ。

あなただけの、信頼のおける傍観者《ぼうかん》。

分身の視点がないと、僕たちはどうしても固定観念《かんねん》に縛られてしまう。これまで経験したこと、固定化した人間関係で起こること、日常の狭い範囲でしか物事を考えられないようになってしまいがちになる。

たとえば、大好きな人ができて、その人に溺《おぼ》れてしまった時。

たとえば、頭が沸騰《ふっとう》するような怒りを感じた時。

まるで周りが見えなくなってしまうよね。

誰かが注意してくれたとしても、注意が耳に入ってこないから、誰もいないのと同じことになってしまう。

分身は、こうした僕たちの不足を補ってくれるし、いざという時に、とても頼りになるんだ。


ちなみに僕の理想の分身は、『アイアンマン』に出てくるスターク家のＡＩバトラー・ジャービスのような感じ。

ジャービスは、アイアンマンのわがままにも付き合うし、理性的なアドバイスもしてくれる存在。

僕は、自分の分身は温かく朗《ほが》らかなだけでなく、冷静であってほしいと思う。

もしも僕が有頂天になっていたら、冷静に声をかけてほしいんだ。

恋に盲目《もうもく》になっていても、怒り心頭でキリキリしていても、心の片隅ではもしかしたら、

「なにか、おかしくない？」

って、無意識に感じているかもしれないよね。そういうのを、分身にそっと、冷静にアドバイスしてもらうんだ。

分身は、時に厳しい言葉で、あなたを諭《さと》すかもしれない。あなたは、イラッとしたり、ムッとするかもしれない。

でもそれは、とても温かく親切な分身からあなたへの愛ある忠告なんだ。

分身が未来の自分を教えてくれる

「自分がどうなりたいか、まず自分自身に問え。しかるのちすべきことをせよ」

これは、哲学者のエピクテトス[※1]（Epiktētos）が千年以上前に残した言葉。

人って、昔から自分について悩んでいたんだね。

人間関係や仕事や家庭や、恋愛や容姿。生きていれば、悩みや迷いは尽きないものだし、選択や決断に確信が持てないこともある。

そういう時は、分身を三年後ぐらいの未来に派遣《はけん》して、三年後のあなたがどんな生活を送っているか、見に行ってもらうといい。

分身にあなたの三年後を調査してもらうんだ。

面白いでしょう？

分身の調査報告書をもとに、今のあなたを修正していけばいいんだ。

もちろん、未来のことはあくまで想像なんだけれど。まあ、分身自体も想像だけどね。

でも、悩んだり、迷った時には、ゆっくりと深呼吸を一つして、そっと目を閉じて、分身を三年後の想像の世界に旅立たせてみるんだ。

スーッとミントみたいな風が心に吹いて、分身が三年後のあなたを教えてくれる。

1　ストア派の哲学者。奴隷から解放後、ギリシアのニコポリスで学園を開き、苦難における平静などを説いた。

分身は、いつもあなたの望みにフォーカスしてくれるし、偏りのないニュートラルな立場で物事を俯瞰《ふかん》して、ありのままの姿を、ありのままに捉えてくれるんだ。

こうした自分とのコミュニケーションを重ねることで、僕たちは成長していくことができる。

多くの人がともに暮らす社会の中で、自分らしく生きていけるんだ。

一人の時間は、謎《なぞ》めいたことでもなければ、高尚《こうしょう》なことでもない。

最初は、ただボーッとして終わるかもしれない。でも、退屈な人と惰性《だせい》で会話するよりも、よっぽど有意義だよ。

退屈な人に「あなたって退屈ね」とは言えないけれど、分身になら「退屈な人というより、○○○（分身の名前）とボーッとして、心をクリアにしているほうがいい」って言えるでしょう？

あなたも僕と一緒に、あなただけの分身を育ててみない？

リラックスした感じの分身、勇敢で屈強な分身、思考するのが得意な分身、とかね。

あなたが求める分身は、どんな分身だろう。

なんだかワクワクしてこない？

分身に使わせたい魔法の言葉「どうして？」

「分身との会話が、なんだかビミョーなのよ。ちっとも役に立っている感じがしない」

と、あなたは僕に言う。

その日あなたは無性に、食欲が湧いてしまって、分身に質問してみた。

「ねえ、かき氷とラーメンとお団子が食べたいんだけど」

とあなた。

「全部いっぺんに？　太るんじゃない？」

と分身。

「でもどういうわけか無性に食べたいの。太らない方法ってない？」

「三分の一ずつ食べるとか、筋トレするとか」

「それって、めんどうくさくない？」

「……」

「……」

という感じで、「終了！」ってなってしまう。


「ねえ、どうしたらいい？」

と、あなたは僕に聞いてきた。

じつはこんな時のためのとっておきのコツがあるんだ。

分身っていうのは、たった一つの習慣さえあれば、あっという間に有能になる。

それは、繰り返し、

「どうして？」

と質問していく習慣。


「どうして、かき氷とラーメンとお団子、いっぺんに食べたいの？」

「どうして、太ってしまっては嫌なの？」

「どうして、筋トレがめんどうくさいの？」


こんな具合に、「どうして？」を連発してみよう。

あなたの答えも、きっと変わってくるんじゃないかな。

分身に「どうして？」と問われたあなたは、

「かき氷とラーメンとお団子、いっぺんに食べたいのは……。あ、昨日観た深夜番組でかき氷の特集をしていたからだ。その直後にチェックしたインスタでボリュームたっぷりのラーメンが目に入って、よく見たらかき氷の容器とラーメンの丼鉢《どんぶりばち》が似ていて……。そのまま寝てしまったんだ。今朝、スマホをタップしたらインスタが開かれたままになっていて、友だちがみたらし団子をアップしていて……」

こんな答えが浮かんできて、自分でもびっくりするかもしれない。

さらに分身が、

「どうして、朝も夜もずっとインスタを見ているの？」

と聞いてきたら、

「なんとなく見ちゃうんだよね。あ、だから寝不足なのかな。最近よく眠れなくて」なんて、あなた自身が気付いていなかった事実に気付くことがある。

「そうかもしれないね。寝不足だとイライラしない？　どうしてだろう？」

「イライラするから、無駄《むだ》に食欲が出るのかな」

分身の「どうして？」によって、あなたの本当の欲求が暴《あば》かれたよね。

呼吸を整えて、隙間《すきま》時間にお昼寝をして、夜はスマホを控《ひか》えめにすれば、過剰な食欲も収まるに違いない。

分身の「どうして？」は、偏らずに中間に立ち、冷静かつ客観的な視点で物事を見極めてくれる。

中間に立って、距離を置いたところから眺《なが》めると、もっと視野が広がるんだ。

思考と心の状態をごちゃまぜにしない

激しい感情に襲《おそ》われている時、あえて分身に「どうして？」攻撃をしかけてもらうといい。

今日、あなたは失恋してしまった。

「彼と別れたの。もう生きていけない」

あなたは分身に思いをぶつける。

「どうして？」

分身は、ちっとも取り乱さない。

「『どうして？』って、彼は私の命だもん」

「どうして？　どうして彼はあなたの命なの？　恋人と別れて『せいせいした』って言う人もいるでしょ」

「私は無理。彼が忘れられない。愛がないと死んじゃう」

「どうして死んじゃうの？」

「だって、愛がなかったらどうやって生きていったらいいの？」

「『タイタニック』って映画観たよね。ジャックが海に沈《しず》んで亡くなった時、ローズは17歳だったけど、彼女はその後84年以上も生きて、１０１歳の時、伝説のダイヤモンドを船から海へ投げ入れた。１００歳過ぎても船に乗る元気があったのも驚《おどろ》きだけど、最愛のジャックと涙ながらに別れて１００歳以上まで生きたってすごくない？失恋してもなかなか死なないから安心しようよ」

「なによ、あなたにはわからないのよ。あっち行って」

「あなたが呼び出したくせに。役目を果たさないと、私は消えられないんだけど」

「じゃあ、私はどうしたらいいのよ？」

「『愛がなければ生きていけない』っていう言葉は他人の受け売りで、よく考えもしないで勢いで適当に言っちゃった、って認めて」

「ひどい。勢いで適当に言ったわけじゃないわ。本当に悲しんでいるのに」

「それなら最初から悲しいって言ってよ。死ぬとか生きていけないって言うのは違うでしょ」

「何が違うのよ？」

「全然違うよ。『悲しい』がここなら、『死ぬ』『生きていけない』はあっち」

分身は、身振り手振りのジェスチャーを交えて、続けた。

「あなたは、あなたの感情をありのままに認識しなくちゃダメ。言葉をやたらにオー

バーにすると混乱しちゃうから。失恋したから死にたいとか、別々に考えるべきことがごちゃまぜになっているんだ」

「そんなこと言われても……。失恋して、とにかく悲しくて悲しくて、死にたくてたまらないのよ」

「『死にたい』は感情じゃないでしょ？　それは考えだよ。感情は心の状態。あなたの心の状態は『悲しい』でしょ？『死にたい』と『悲しい』は別物なんだってば！」

「ああもう、超めんどうくさい！　どこかへ行って！」

「……」


あなたVS分身、第一ラウンド終了。

こうして、ひと通りのやりとりを終えると、分身はいったん姿を消してしまうんだ。

一見して、あなたと分身は険悪《けんあく》ムードだけど、事態は少しずつ、確実に変わっていくよ。

死にたい。生きていけない。

そんな絶望的な言葉を口にするほど、悲しかったあなた。

失恋初日の今日は実感がなくても、分身の言葉は確実にあなたに届くようになる。

だって、頼りになる分身なら、辛抱強く何度でも同じことを言い続けてくれるからね。

自分思いの分身は、むやみに慰めてはくれない

分身から「どうして？」と連発されて、うんざりしてしまうかもしれない。

あなたが作り出した自分の分身と知りつつも、

「もう、ムカつく！　どこかに行ってよ」

なんて、口走ってしまいたくなるよね。

イラッとして、ムカッとする。それって、自分の採用していた考え方が、じつはどこかの情報や他人からの受け売りだったからなんだ。

今まで疑問を持つこともなければ、考えてみたことすらなかったという、証拠なん

だよ。

心の奥底では、自分でもわかっていたのかもしれないけれど、メンツがつぶされたようで恥ずかしいから、分身に当たり散らしているのかもね。

もしも、多少なりとも疑問に感じて考えてみたことがあるのなら、分身の「どうして？」に対して、いくらか答えることができたんじゃないかな。

分身は、あなたの口下手を決して笑わないし、あなたと分身の一発勝負。

ううん、そこには勝ち負けなんかない。

思い出してみて。分身は温かくて優しいけれど、客観性を持ち合わせているし、つねに冷静だってこと。

本当にあなたのことを思う分身は、社交辞令なんて言わない。やたらとあなたを慰《なぐさ》めたり、甘やかしたりもしないんだ。

適当に済ませてしまったら、あなた自身のためにならないからね。

あなたが心から信じている価値あるものは、いったいどんなものだろう？

いわゆる世間の常識と呼ばれるものの中で、あなたが納得できないことをどれか一つ選んでみて。

選び終わったら、分身に「どうして？」と尋ねさせてみるんだ。

ここで、あなたVS分身、第二ラウンド開始。

もしも、あなたがいくら考えても、分身の「どうして？」に太刀打《たちう》ちできなかったら、その常識はあなたにとって大事ではないということ。

そんなもののために、無駄に感情を揺さぶられ、振り回される必要はないよ。

それだけを知っておけば、万事ＯＫ。

あなたVS分身。

勝ち負けのない、温かくて優しい会話を繰り返すことで、あなたにとって価値のある考え方は何か、理解できるようになるんだ。

第2章

感情に
振り回されないために
「心」を知る

感情を感じ分けて、心の引き出しに収納する

僕には、よく一緒に映画を観に行く芸能人の友だちがいるんだ。

彼女は有名人だから、その日も完璧《かんぺき》な装備でやってきた。マスクにサングラスに帽子っていう、いかにも芸能人っていう装《よそお》いでね。

僕たちが観た映画は、

「何代目かのイギリス女王が、晩年インド人従者と純粋《じゅんすい》に友だちとして仲良くなったけれど、人種と身分の違いから王室に大論争を巻き起こした」

というストーリー。

「人種と身分が違うと、友情を育《はぐく》むことすら許されなかった」

そんな残酷《ざんこく》なテーマだったよ。

映画が終わって劇場が明るくなると、彼女は肩を震わせて泣いていた。僕はびっくりして、声が出なかった。

確かに感動的な内容だったけれど、僕は目頭が少し熱くなったくらいで、大泣きして鼻水が出るほどじゃない。

ひとしきり経ったあと、僕は彼女にティッシュを渡したんだ。

「ごめんなさい。私、泣き過ぎよね。どうしてこんなに泣いたのかしら」

彼女は自分でも不思議そうに、泣き笑いの顔で首を傾《かし》げた。

もちろん僕は、彼女に微笑《ほほえ》みを返しただけ。

「あの日、家に帰ってから考えてみたの。映画を観たあと、いったい何に泣いたのかって」

こんなメッセージが彼女から送られてきたのは、あれから二日後。

じつは彼女は三年前、一般男性と交際していたのだけれど、パパラッチに追いかけられて大々的に報道されてしまったんだ。一般人の彼は、勤務先で大変な思いをしたという。

結果、彼女たちは破局してしまった。

もしかしたら彼女は、過去の恋愛を映画に重ねてしまったのかな。

「私もそうだと思ったの」

と彼女。そしてこう続けた。

「私、最初はサラリーマンの彼と付き合っていた頃の切なさを思い出して、それで泣いたんだって思ってたの。でも違った」

「どう違ったの？」

「切なくて悲しくて涙が出たって納得しかけた時、違和感が込み上げてきたの。人って、自分を騙《だま》せないものなのね」

彼女の文面は、どこか吹っ切れたようだった。

「私、うしろめたさと後悔で号泣したのよ」

彼女がこんなに詳しく話してくれるなんて、僕は驚いたのと同時に、彼女が彼女の心に決着をつけているんだと思ったんだ。

彼女は心の中をすべてさらけ出すように続けた。

「私が彼と別れた時、みんなは周囲の目がプレッシャーだったんだろうって思ったみたい。でも違うの。本当は、私がつまらなくなっちゃったからなの。住む世界が違ったのよね。付き合ってすぐに気付いたんだけど、彼が好きだったし、気にしないふりをしていたの。でも彼はそれに気付いていたと思う。あの時、彼はすごく傷付いていただろうに、無理して笑って、『二度と経験できないような素敵な日々をありがとう』って言ったのよ。今でも忘れられない。私って最低ね」

彼女は、彼女の心をそのまま映画に重ねていたんだね。そうして、彼女は自分の心の狡猾《こうかつ》さやあざとさに気付いた。

映画館では僕は隣にいただけだったから、彼女が泣いているのは、悲しいからなのか、懐《なつ》かしいからなのか、それとも興奮したからなのか、よろこんでいたからなのか、わからなかったんだ。

そもそも、本人にしかわからないことだしね。

ただ、これだけはわかるんだ。

彼女はいろいろな感情の中から、自分の気持ちを正確に感じ分けたってこと。

彼女があえて心の中を探ったのは、それが何より価値のあることだったからじゃないかな。

感じたことをきちんと認識せずにいると、心の中にゴミとして、どんどん溜《た》まってしまうんだ。

もしかしたら、自分の感情をきちんと感じ分けるなんて、「超めんどうくさい！」って思う人もいるかもしれない。

でも、自分らしく生きたいと望むなら、今の自分をきちんと理解してほしいんだ。

今、自分はどんな感情？　些細《ささい》なことでも、正確に認識する。

そうすることで、クローゼットの引き出しに収めるように、感情を適切な場所に保管しておくスキルが、徐々に身に付いていくんだ。

これがEQ、エモーショナル・インテリジェンスってわけ。

感情にはあなただけの名前がある

あなたは、ホラー映画は好き？

西洋のホラー映画にはよく悪魔が登場するけれど、悪魔祓《ばら》いのシーンを観たことはあるかな？

エクソシスト[※2]（祓魔師《ふつまし》）は、必ず悪魔に名前を尋ねるんだ。

それも、かなりしつこくね。

悪魔はたいてい罪のない人に憑《と》り付いて、低くて太い濁声《だみごえ》でエクソシストに乱暴な呪いを浴びせかける。

エクソシストの巧《たく》みな戦略で、ついに悪魔が名前を漏《も》らしてしまうと、エクソシストはすぐさまその名前を呼んで悪魔を退散させるんだ。

じつは、感情もこれと同じことが言えるんだ。

さまざまな感情のことを、みんながそう呼ぶからって、あなたが付けた名前ではない適当な名前で呼んでしまう。

よく知らない誰かが、「寂しい」って呼んでいたその感情、あなた基準では本当は違うかもしれない。

本当は、「寂しい」ではなくて「落ち着く」っていう名前だった！

それがわかった時、あなたはその感情に「落ち着く」という、あなただけの名前を付けてあげる必要があるんだ。

これって、大切な一歩なんだよ。

あなたは、さまざまな感情を知るための最初の一歩を踏み出せた。

だんだんと感情の出所がわかってきて、どこに収納すればいいのか、スムーズにわかるようになっていくんだ。

人生に後悔がなかったとしたら?

「私、祖父に怒鳴《どな》ってしまったことがあるの。感情を抑えきれなくて」

と、僕に打ち明けてくれた友だちがいた。いつも優しくて礼儀正しい彼女だから、僕には信じられなかったよ。

「何があったの?」

彼女は、イカスミのパスタをフォークに巻き付けながら言った。

「私、子どもの頃はおじいちゃん子だったのよ」

「わかるよ。そうじゃなかったら、そんなに後悔はしないだろう?」

「そうね。だから私、祖父を怒鳴った時、自分でもびっくりしたのよ」

「あとから謝ったの？」

「ううん。どう話を切り出して謝ればいいのかわからなくて。結局、二年もそのままにしていて、祖父は亡くなったわ」

ふっとため息をつき、彼女はパスタを食べる手を止めた。視線を落として、お皿を見つめている。

「どうして、おじいさんを怒鳴ったの？」

「あの頃、祖父も祖母も体を悪くしていたの。私、少ない収入をやりくりして、治療費を貯めていたんだけど。そのお金を持って行った時に、祖母から聞いたのよ」

「何を聞いたの？」

「売れば何倍にもなる骨董品《こっとうひん》を買いに来るよう、祖父が友だちからすすめられているって。ずっとお金の心配をしている祖父に稼がせてやるって、言われたらしいの」

僕は耳を疑った。

「それって、転売しろってこと？　転売したら何倍にもなる骨董品を、自分で売らないで他人に譲《ゆず》ってくれるって……。それって、詐欺《さぎ》じゃないの？」

「そう思うわよね。祖父が骨董品で大儲けした友だちのことを、ずっとうらやましがっていたことも知っていたの。祖父が騙されちゃうんじゃないかって心配もしていたのよ」

「君は、おじいさんに注意しなかったの？」

「私だって、面と向かって注意しなきゃって思ったわ。でも、できなかった……。だって、祖父ったら私の顔を見た途端、興奮して骨董品の写真を何枚も見せてきたのよ。発掘されたばかりの貴重な品だって！」

息を荒《あら》くした彼女に、僕は水の入ったグラスを差し出した。彼女は、水を一口飲んで続けた。

「でも私、騙されないようにしてねって、何度も言ったわ」

「おじいさんは、聞いてくれなかったんだね」

「何日かして、祖母から電話があったわ。結局、祖父は友だちから骨董品を買ってしまって、でもいざ祖父が売りに出しても、ちっとも買い手が見つからなかったって」

彼女の目が潤《うる》みはじめた。

「結局、病院にかかるお金もなくなってしまったのよ」

「それで君は、おじいさんを怒鳴ってしまった」

「ええ。私、すごい剣幕《けんまく》だったみたい。祖父は座ったまま放心状態で、小さくなって私に怒られていたの。今でもはっきり覚えているわ」

彼女のフォークには、ほどけない糸みたいに、パスタが絡まっている。

「僕にも似たような経験があるよ。今思い返しても、やっぱり後悔している」

「人生に後悔がなければいいのに……」

「そうだね。でも、もしも本当に後悔がなかったとしたら、人生は前に進んでいかないんじゃないかな」

「後悔」は「希望」に変わっていく

約百年前に活躍した中国の著名な学者、王国維[※3]（おうこくい）の詩に、こんな一説があるんだ。

「私の人生後悔ばかり。知識が増えると疑問も増えた」

人はこれまで、多くの知識を獲得してきた。

知識が増えると、疑問も増えてくる。疑問が生まれると、さらに多くの知識を得ようと、僕たちは突き動かされる。

疑問がなくなったら、知識を求めることはなくなるよね？　知識が新たな疑問を連れてくる、って感じかな。

「人生後悔ばかり」というのも、同じだと思うんだ。

人生というのは、絶え間ない選択の繰り返しで、こちらを選んだら、どうしてあちらを選ばなかったのか？　という疑問が出てくる。

だから、人生は後悔とともにあると言えるんだ。

後悔は絶望ではないよ。

絶望にはない、とても貴重な成分が一つ、含まれているんだ。

それは、「希望」。

後悔は、「わかっていれば、そうしなかったのに」という思いのこと。

かんたんに言えば、「次は同じことはしない」という決意なんじゃないかな。

それが、僕たちを突き動かし、人生を修正するためのエネルギーになるんだ。

申し訳なかったと、後悔の念を抱く対象は、彼女のようにおじいさんかもしれないし、両親や友だちかもしれない。

もう二度と会えないのなら、なおさら多くの後悔を生んでしまう。そうやって繰り返し後悔することによって、次に出会う人を大切にしようと思うんだ。

「来者可追[※4]（来者は追うべし）」って言うだろう？

「人生で二度と後悔しませんように」

こんな願いが叶ってしまったら、これから進むべき方向が、さっぱりわからなくなってしまう。それは、後悔するよりもずっと恐《おそ》ろしいと思わない？

後悔は、ネガティブな感情だと誤解されがちだけれど、あなたが進むべき方向を教えてくれる、大切な感情なんだ。

神様にお願いする時は、神様の名前を正しく呼ぶよね？

悪魔祓いする時だって、悪魔の名前を正確に呼ばなくちゃいけない。

3　中国清末の学者。西洋美学により中国古典を再評価。辛亥革命の際、羅と京都に亡命。帰国後、哲学・文学や歴史学・考古学に先駆的業績を残した。
4　将来のことはまだ間に合う。これからどうしたらいいか、考えてみることが大切だということ。

そうでもしないと、神様にも悪魔にもあなたの声は届かないからね。

後悔に、「憎《にく》い！」なんて、見当違いのレッテルを貼るのはやめよう。これは、あなたがあなたを理解して、感情に振り回されなくなる大切な考え方なんだ。

感情を表現する言葉がなかったとしたら？

ティファニー・ワット・スミス[※5]の『The Book of Human Emotions』という本に、異なる文化の156種類の感情が紹介されているんだ。

文化によって特別なこだわりのある感情があったり、逆に、全くこだわりがない感情もあるという。

たとえば、オーストラリア西部のピントゥピ族の言葉には、15種類の恐怖を表す単語があって、そのうちの一つを「ngulu」と言うんだ。

誰かが自分に復讐《ふくしゅう》する機会を窺《うかが》っているのではないか、と思う時に感じる「恐怖」という意味なんだとか。

また、僕たちはほとんど毎日何かしら「心配」をしているけれど、ペルーのマチゲンガ族の言葉には、「心配」という単語がないという。

恋人や友だちとケンカした時、連絡もなしに家族が帰って来ない時、あなたは何度もスマホをチェックするし、食事も喉《のど》を通らなくなるよね。

「心配」という単語がないとしたら、あなたはその感情をどう表現するだろう？

代わりにいろいろな表現ができると思うけれど、「心配」そのものをズバリと言い表す単語がないと、回りくどい言い方になってしまうだろうし、かなり手間もかかってしまうよね。


映画を観て泣いた彼女からのメッセージは、こうして細かく言語化した足跡のようなもの。

メッセージ自体は僕に送られているけれど、それは、彼女が自分の感情を丁寧《ていねい》に見分けた記録なんだ。彼女が彼女自身に宛《あ》てた「手紙」みたいなものかな。

5　アメリカの歴史家。

彼女は、たまたま観た映画がきっかけとなって、ずっと心の中でくすぶっていた感情を認識することができたというわけ。

その正体は、「罪悪感」。

彼女が認めたくなくて、でもずっと心の中に居続けた感情。

こういう感情を正確に認識することが、「感情と向き合う」ということなんだ。

その結果、感情を適切な場所へ置いておけるようになる。なんだかモヤモヤしたり、その感情にとらわれて苦しい、こういうことが減ってくる。

彼女はこうして、自分に対する嘘《うそ》を一つ減らして、誠実で正直な自分に一歩近付いたんだ。


あなたも考えてみてくれないかな。

直近で、涙を流した映画のシチュエーション。

その映画は、どんな意味があって、あなたに涙させたのか?

思いの丈《たけ》をスマホに入力するのでもいいし、ノートの片隅にメモしてもいい。

あなたがあなたの感情を理解できるようになったかどうか、振り返って、感じてみてほしいんだ。

自分とは何か？
自分だってわからないもの

僕には、もともと芸能人の追っかけをしていた友だちがいるんだ。彼は今、なかなかの知名度を持つ芸能人になっているんだけどね。

彼が僕に、感慨《かんがい》深そうに見せてくれたのが、彼とっておきの戦利品の数々。スマホケース、アンダーウエア、ベルト、トイレットペーパーまである。これらは、名立たる芸能人たちのサイン入りグッズなんだ。

でも、ほとんどのサインは消えかかっていたから、僕は笑って、彼に言った。

「これらの戦利品は、君が芸能人になるための原動力だったのかもしれないね。成長過程の抜け殻的な感じかな」

よく見ると、その中には僕のサイン本もあったんだ。ただ、フルネームの入った記念スタンプが押してあるだけ。直筆したのは、僕の名前の最後の一文字だけだった。

僕はもう、笑うしかなくて、

「これ覚えてるよ。あのサイン会の時はもう10時間も座りっぱなしで。時間も押していて、深夜1時を回っていたんだよね」

あげくスタッフが、「一文字だけのサインでお許しください」と謝罪していたんだ。

今さらだけど、と僕は彼に申し出た。

「よかったら、ここでサインしなおそうか？」

「じつはあの時、他に書いてもらいたかった三文字があるんです」

と彼が照れくさそうに笑った。

「『做自己（自分らしく）』って、お願いしたいんです」

「いいよ。じゃあ、サインと一緒に書くね」

僕は彼の名前と「做自己」、僕の名前の残りの二文字を書き足した。

書きながら、僕はまた笑った。

「なぜ、笑うんですか？」

「いや、僕はこれまで百回以上は『做自己』って書くように頼まれてきたからさ」

「それって、変なことですか？　きっと、自分らしく生きられない人がたくさんいるからですよ」

「そうなんだろうけど、僕が可笑《おか》しいと感じたのは、なんで僕にこの言葉を書かせるのかってことなんだ」

「それは、蔡さんが自分らしく生きているからですよ」

「そんなふうに見える？」

僕が彼の顔を覗《のぞ》き込むと、彼が深く頷《うなず》いた。

僕は首を横に振った。

「僕だって、まだまだだよ。それに、『自分らしく生きる』って、１００％自分の思い通りに生きるって意味じゃないからね」

「それって、どういうことですか？」

「王様でも物乞《ものご》いをしている人でも、どんな身分でも、どんな立場でも、誰だってやるせなさを抱えていたり、何かに妥協《だきょう》しているものだよね」

「そうですけど」

「僕だって例外じゃないんだよ」

彼は少し混乱したようで、

「だったら、自分らしく生きることはできないんですか？」

悲し気にうなだれて見せた。

「できない人もいるし、できる人もいる。ただ、できている人も、自分らしく生きているとは思っていないんじゃないかな？」

「そんな、まさか！　自分らしく生きていることに気付かないなんて、ありえないでしょう？」

確かに、彼が言うことはもっともかもしれない。でも、僕はこう続けたんだ。

「だって、そもそも自分って何か知らない人のほうが多いと思うよ。君は、自分が何者か知ってる？」

ちょっと、キツネにつままれた感じでよくわからないかな？

たとえば、

「この人はきれいだ」

「あの人は悪い人だ」

「僕は心から彼女を愛している」

なんて、言ったりするよね。

これを、

「美醜《びしゅう》」

「良し悪し」

「愛憎《あいぞう》」

こんなふうに言い変えると、これらの基準はすべて抽象的に思えてくるんじゃないかな？

実体はないのに、確かに存在する。目には見えないけれど、じつはとても重要な感覚なんだ。

抽象的なものこそが「自分」をかたち作る

同じように、「自分」というのも抽象的だよね。

「自分」は、物質である肉体の自分と、精神的な自分でできている。

精神的な自分というのは心のことで、実体はないし目にも見えない。

とはいえ、揺るぎないものだし、大切だと誰しもがわかっているよね。もちろん、あなただってわかっている。

感情に蓋をして、感じないようにしていると、だんだんと自分がわからなくなって、あなたは苦しくてたまらなくなってしまうんだ。

感情は自分という川を流れる一滴の水のようなもの。

感情を感じずにいると、ゴミとなって蓄積《ちくせき》してしまい、川の流れを塞き止めてしまうんだ。

心を構成しているのは、

「記憶」「考え方」「性格」「感じ方」

だと僕は考えている。

「記憶」「考え方」「性格」「感じ方」っていう、幼い頃から毎日少しずつ形作られる、四つの大きな川みたいなもの。

四つの川がお互いに交わっていて、こちらが澄《す》んでいたら、あちらは濁《にご》っていて、

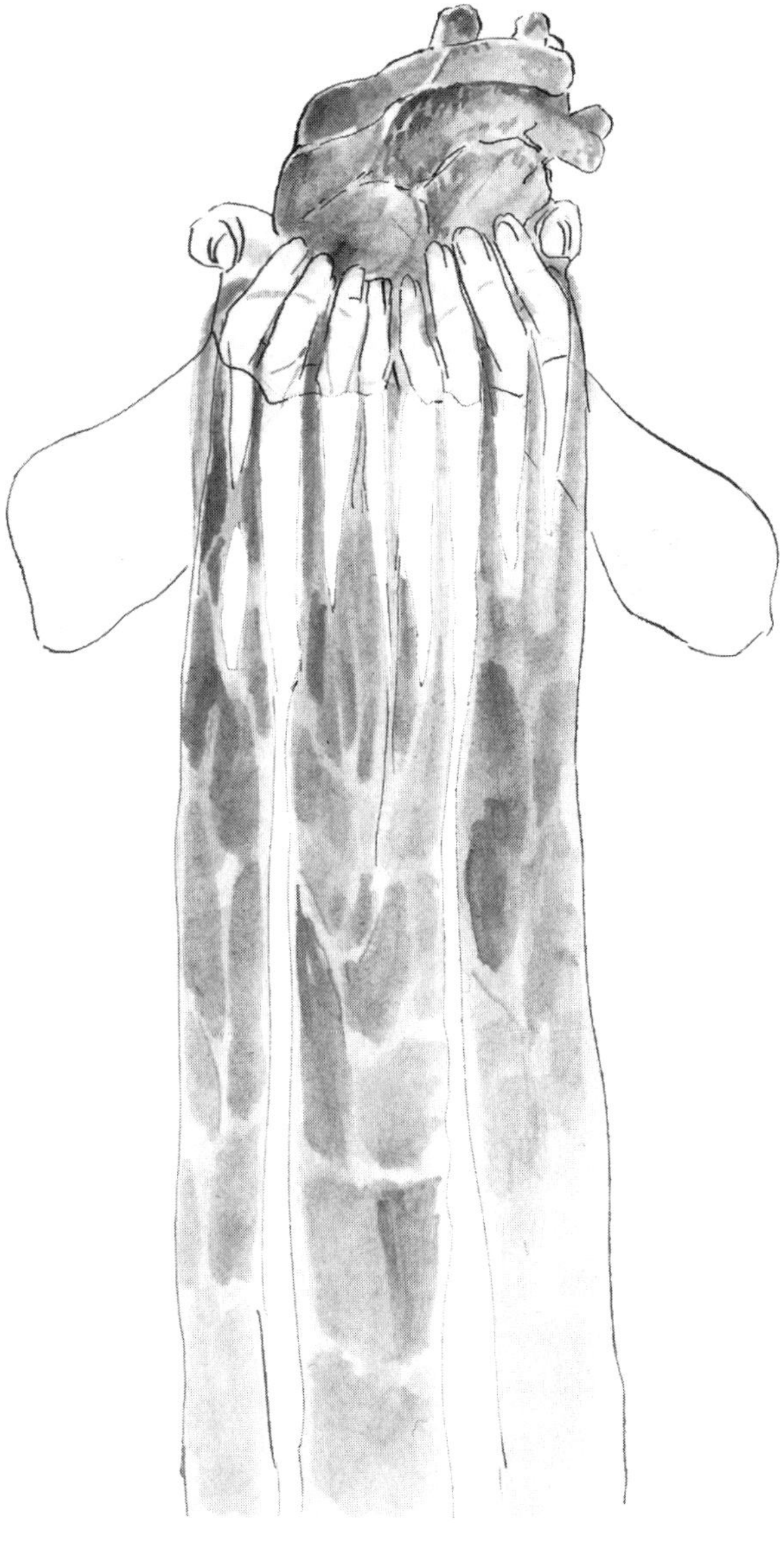

こちらの流れが激しければ、あちらは干上がっているといった具合に、相互に影響し合っているんだ。

この四つの川を行き来するのが、感情というわけ。

つまり、感情も自分ということ。正確に言うなら、ある瞬間の自分。

自分らしく生きたいけれど、どこから手を付けていいかわからない。

そんなふうに悩んでいたら、まずは感情を知ることから始めよう。

毎秒、あなたの中を流れゆく感情という水一滴が、あなたの命の流れを作る。

寝ている時も、起きている時も、この川は流れていくし、あなたも僕も、感情という水一滴がどんな状態なのか意識的にチェックする必要があるんだ。

何かでコーティングされていて、純粋で透《す》き通ったきれいな水ではないかもしれない。

たまにゴミが混ざっていて、ろ過しなくてはいけないかもしれない。

この水の味を、じっくり感じてみてほしい。これは、生涯続ける価値のある大切な作業なんだ。

現代を生きる僕たちは、時間の奴隷《どれい》だと言ってもいい。

少しでも時間があると、すぐにネットサーフィンをしてしまう。

太古の昔、洞窟《どうくつ》の中で火をおこしていた原始人と比べると、毎秒、毎分受け取る刺激や、それによって生まれる感情は、数百倍、数千倍以上になっているだろうね。

その頻度も量も爆発的に増えている。同時に、感情の種類も爆発的に増えていると、僕は思うんだ。

感情が入り乱れる現代で、あなたを救うとある知恵

僕たちは基本、「七情[※6]」の感情しか認識できない。

6　七種の感情。礼記の礼運篇では、喜・怒・哀・懼・愛・悪・欲。仏家では、喜・怒・哀・楽・愛・悪・欲。

七情は「喜（よろこび）、怒（怒り）、憂（心配事）、思（あれこれの考え）、悲（悲しみ）、恐（恐れ）、驚（驚き）」。

つまり、「七情」以外の感情が湧き上がっても、僕たちはその感情を、うまく言い表せられないんだ。

たとえば、テーマパークの大通りで、駄々をこねて泣き叫んでいる小さな子どもがいるとする。

本当は「おもちゃがほしい！」という、感情をママに伝えたいだけなのに、どういう言葉を使っていいかわからない。だから、ひたすら泣き叫ぶしかない。

そんな状態に、あなたも僕も陥《おちい》っている。

しかも、繊細な人は、感覚も細やかだから、より多くの感情を抱えていると思うんだ。

でも、繊細な人でも心が落ち着いていて、バランスのとれている人もいる。

これはどうしてだろう？

それは、感情の細かな違いを区別できるように、感情と真摯《しんし》に向き合ってきた人と、感情から逃げて向き合ってこなかった人の違いかもしれない。

つらいことからは、誰だって逃げたいよね。僕もそうだし、あなたもきっとそう。だけど、感情の違いを区別する術を身に付けていれば、目まぐるしい世の中のスピードや、外側からの不特定多数の誰かの感情や、自分が抱える感情にも、振り回されなくなるんだ。

あなたは、言葉にできずに泣いていた、まっさらな子どもと同じ。

自分の心に対して無力だったってことに、今、ここで気付いてほしい。

自分の心に無力な自分でいることは、もうやめよう。

自分の心を正確に見分ける、知恵を身に付けるんだ。

子どもを惑わせる「いい子」という呪い

あなたは子どもの頃、勉強は好きだった？

僕の友だちで、小学生の娘を持つ芸能人がいるのだけれど、ある日僕を自宅に招《まね》いてくれたんだ。

テーブルには豪華な料理が並んでいて、彼女の娘さんも席に着いていた。

ところが、「いただきます」の前に、彼女が娘さんに言ったんだ。

「食事の前に、詩を暗唱しなさい」

どうやら彼女は、娘さんに、李白[※7]（りはく）や杜甫[※8]（とほ）の詩を覚えさせたらしい。

それを僕にお披露目《ひろめ》したかったんだろうね。

娘さんが戸惑《とまど》っている間に、食事も冷めてしまいそうだから、僕は彼女に言ったんだ。

「今、詩の暗唱をする必要あるかな。李白も杜甫も、千二百年以上も前に亡くなっている人だよ。とりあえず食事してからでもいいんじゃない？」

嫌がっている素振りの娘さんも、僕の声援を受けて、

「お客さんの前で暗唱したくない」

と本音を漏らした。すると彼女が怒りだしたんだ。

「もう！　いい子にしなさい。失礼はいけませんよ」

僕も娘さんも、唖然《あぜん》としてしまった。

だって、失礼なことと詩を暗唱することは無関係だよね？

こういう大人の身勝手が、罪のない子どもの心を翻弄してしまうんだ。大人というのは、よく考えもしないで言葉を選ばずに子どもを叱《しか》ってしまう。

まだぷんぷんと腹を立てている彼女に、僕は言ったんだ。

「とりあえず、先に食事してからにしようよ」

「もう！　いい子にしなさい。失礼はいけませんよ」

なんと彼女は、僕に向かって同じように言い返してきたんだ。

結局、娘さんがおとなしく詩の暗唱をはじめたので、僕もおとなしく聞くことにした。

聞き終わったあとはもちろん僕は娘さんを褒めたよ。まあ、娘さんよりも、彼女の

7　盛唐の詩人。その詩は天馬行空と称され、絶句と長編古詩を得意とした。杜甫と共に李杜と併称され、詩仙とも呼ばれる。
8　盛唐の詩人。その詩は格律厳正、律詩の完成者とされる。社会を鋭く見つめた叙事詩に長じ、「詩史」の称がある。李白と並び李杜と称され、杜牧（小杜）に対して老杜という。

教育の成果を褒めたんだけれどね。

彼女は得意満面で、娘さんを抱きしめた。

「お利口さんね。言うことを聞いてえらいわ！　本当にいい子ね！　大好きよ」

ぎゅっと抱きしめた腕をゆるめて、彼女は続けた。

「アニメを観ながら食事していいわよ」

僕がそんな彼女を見ると、睨《にら》み返されてしまった。

「テレビを観ながら食事させることに、ひとこと言いたいんでしょう？」

「いや、君は自分の子どものしつけをしているんだし、僕には関係ないよ。食事をいただいていいかな」

「あなたのさっきの表情は何なのよ。私が娘に大好きだって言った時の顔よ」

僕はため息をついた。

「あの時、君は何て言って娘さんを褒めたか、覚えてる？」

「もちろんよ。『言うことを聞いてえらい、いい子』って褒めたわ」

「そうだね」

「何が『そうだね』なのよ？　私の娘は、言うことを聞かない悪い子だって言いたいわけ？」

僕は、もう一つため息をついて、ゆっくりと言った。

「『大好きだ』って言うだけでいいのに、どうして言うことを聞いていい子だから好きだなんて言うの？」

「……」

「子どもが言うことを聞かなくたって、君の愛は変わらないだろう？」

彼女は唇を噛《か》んでうつむいた。

しばらくして、テレビを観ながら食事をする娘さんを見つめたんだ。

大人が押し付けてきた理不尽なレッテル

「勉強ができた、いい子ね」

「成績が上がった、いい子ね」

僕たちは小さな頃から、親にこうやって褒められるのが当たり前になっている。

昔から、いい子というのはお利口な子どもで、お利口な子どもは言うことを聞く子だったよね？

そういうふうに、僕たちは刷り込みをされてしまっているんだ。

でも、彼女の娘さんは、いったい何をして「いい子」と褒められたのだろう？

それは、娘さん自身の、

「詩を暗唱するのは嫌だ」

という思いを、押さえつけたことによってだよね。

あなたは、子どもの頃、歯医者さんが嫌いじゃなかった？

にんじんやピーマンが苦手じゃなかった？

お客さんの前で、何かを披露させられるのが嫌じゃなかった？

でも両親や大人たちは、それを押し付けてくる。

歯医者さんの怖さ、にんじんやピーマンへの苦手意識、人前に立つことの恥ずかしさ。

それらを無理に押さえつけて子どもが我慢すると、「言うことを聞いてえらい」とか、「お利口さん」とか「いい子」だとか言って、大人たちは子どもを認めようとするんだ。

「何が問題なの？　子どもが自分で、そういう余計な感情や反応を抑えられるってことは、褒めるべきことじゃないの？」

「そんなふうに褒められて育つと、子どもは怖いとか苦手とか嫌だとか、そういう感情や反応を、恥ずべきものだとか、厄介なものだとみなしてしまうんじゃないかな」

「あなたがすすめるEQが高いって、そういう余計な感情や反応に、蓋をできるってことじゃないの？」

彼女が真顔で主張してきたから、僕は本気でまいってしまった。

EQは、そんなことではないんだ……。

感情を表すことが、誰にとっても自然で当たり前のことになれば、僕たちは、のびのび心地よく生きられるようになるんだ。

感情や反応を抑えるのは「理性」だ、そう言う人もいる。

ただ、僕の考え方はちょっと違う。

自分の感情や反応を冷静に見つめて、自分はどうしたいのか、どうしたらその望みに向かっていけるのか、一緒に考えてみよう。

それが本当の理性だと、僕は思っているんだ。

ある感情が芽生えたら「触れて」みる

僕には、いかにも「おばさん」って感じの友だちがいる。

笑い声も豪快で、サバサバしていて、歯に口紅が付いていても気にしないような人。

食事が終わると、歯茎《はぐき》を舌でぐるっと回して、お掃除したりね。

そんな彼女には、ちょっと変わった買い物の習慣がある。

コップでも鍋でも、気に入ったものは必ず、どんなに遠くに陳列《ちんれつ》されていても、直接手に取って商品に触れるんだ。

意を決して、僕は彼女に聞いてみた。

「どうしてわざわざガラスのコップとかステンレスの鍋とか、素材がわかっているものを触るんですか？　服とかなら、着心地を確かめるために触るのはわかるんですけど」

彼女は、さも当然というように、

「そんなの決まっているわ。熱くなり過ぎた気持ちをクールダウンさせるためよ」

彼女は、ガラスのコップを指で丹念《たんねん》に触っていく。

僕がその仕草をじっと見ていると、

「こうやって、自分の気持ちをなぞっていくの。そうすると、気持ちがフラットになってくる。本当に買いたいのかどうか。買いたいのなら、どうやって値切ろうか考えるの」

彼女の横顔が凛《りん》としていて、僕は慌てて言ったんだ。

「ああ、なるほど！　それは失礼しました」

僕は内心、とても感心したんだよ。

湧き上がってくる感情を冷ましたいという時は、「触れる」習慣があればいいんだって。

怒りっぽい人は、怒りっぽさを何とかしたいと願っているよね。

怒りがこみ上げてきたら「一、二、三、四……」とカウントしてみよう、なんてアドバイスもあるけれど、怒りというのは突発的にやってくるもの。

たぶん、カウントする間もなく、気が付いたら怒っているんじゃないかな？

結果、心の内をさらけ出すことになって、怒りをぶつけられた相手はもちろん、自分も傷付きやすく壊れやすい状態にしてしまうんだ。

そういう悲しい状況を避けるためにも、彼女が実践していた「触れる」は、かなり有効な手段かもしれない。

感情に「触れる」ための3つの問いかけ

この「触れる」を、感情を処理するのに応用しようと僕は考えたんだ。

あなたも、僕と一緒に練習してみない？

まず、身近にいる嫌いな人を一人、思い浮かべてみて。

次に、その人の嫌なところを3つ挙げてみよう。
その3つの嫌な点について、

それは本当に嫌なのか？
なぜ嫌だと感じるのか？

と、自分の気持ちを深堀りしてから、

客観的に見るとどうなのか？
客観的に見てもそう言えるのか？

と、自分に問いかけてみる。

表面的なことではなく、根本的な感情の発生源を見つけるんだ。
その人の何があなたを嫌な思いにさせるのか、あなたをイラつかせる原因に迫ってみよう。

こうした問いかけをすると、たとえば、その人が「臭い」から嫌というより「清潔にしていない」ことが嫌だとわかったり、「仕事ができない」というより「責任逃れをする」のが嫌だとか、そういった答えが導《みちび》き出される。

そして、最後にその答えについて、

それらは自分に悪影響があるのか？

なぜ悪影響を与えるのか？


繰り返し考えてみよう。

たとえば、「責任逃れをする」その人の尻ぬぐいをさせられているなら、悪影響があるよね。

悪影響があるなら、現実にどうすればいいのか？　あなたができることを考えてみて、悪影響がなかったなら、はい、そこで終了。

これが、感情に「触れる」ってこと。

これをやることで、嫌な人と心の中で距離をとることができるんだ。

あなたにとって、嫌な人という印象は変わらないだろうけど、心の中で近くにいられるより、遠くにいてもらうほうが、あなたの心はラクになるんじゃないかな。

「嫌悪《けんお》感」や「怒り」だけではなく、「うれしい」と感じた時も、ぜひうれしさに「触れて」みてほしい。

その「うれしさ」は、より深みのある「よろこび」に進化して、あなたの中に感謝の思いが生まれるようになるんだ。

本当の誠実さは、自分に誠実かどうかで決まる

あなたは「誠実」ってどんなものだと思う？

僕の考える「誠実」は、

「表面的なことは気にせず、本質と向き合う態度」だと思ってる。

郵 便 は が き

料金受取人払郵便

牛込局承認

5044

差出有効期限
令和6年5月
31日まで

1 6 2-8 7 9 0

東京都新宿区揚場町2-18
白宝ビル7F

フォレスト出版株式会社
愛読者カード係

フリガナ お名前	年齢　　　　歳 性別（ 男・女 ）
ご住所　〒 ☎　　　（　　　）　　　FAX　　　（　　　）	
ご職業	役職
ご勤務先または学校名	
Eメールアドレス メールによる新刊案内をお送り致します。ご希望されない場合は空欄のままで結構です。	

フォレスト出版の情報はhttp://www.forestpub.co.jpまで!

フォレスト出版　愛読者カード

ご購読ありがとうございます。今後の出版物の資料とさせていただきますので、下記の設問にお答えください。ご協力をお願い申し上げます。

● ご購入図書名　「　　　　　　　　　　　　　　」

● お買い上げ書店名「　　　　　　　　　　　　」書店

● お買い求めの動機は?

1. 著者が好きだから　　2. タイトルが気に入って
3. 装丁がよかったから　　4. 人にすすめられて
5. 新聞・雑誌の広告で(掲載誌誌名　　　　　　　　)
6. その他(　　　　　　　　　　　　　　　　　　)

● ご購読されている新聞・雑誌・Webサイトは?

(　　　　　　　　　　　　　　　　　　　　　　　)

● よく利用するSNSは?(複数回答可)

□ Facebook　□ Twitter　□ LINE　□ その他(　　　　　)

● お読みになりたい著者、テーマ等を具体的にお聞かせください。

(　　　　　　　　　　　　　　　　　　　　　　　)

● 本書についてのご意見・ご感想をお聞かせください。

● ご意見・ご感想をWebサイト・広告等に掲載させていただいてもよろしいでしょうか?

□ YES　□ NO　□ 匿名であればYES

「誠実」というと、「本当のことを言うこと」と考える人が多い。

いくら本当のことでも、言っているのは上辺《うわべ》だけ、ということもあるよね。

大切な人に送る言葉と同じように、あなたが自分の感情と向き合う時も、誠実でいる必要があるんだ。

感情を消化したい時も同じだよ。誠実な態度で、核心とも言える重要な情報を的確にキャッチして、適切な行動をとってほしい。


感情を消化する時のおすすめの処理方法があるんだ。

たとえば、悲しみ。

まずは、悲しみの中にどんな成分が混じっているのか？　これを一つ一つ洗い出してみるんだ。

失恋して落ち込んだとする。そんな時は、悲しみの中に怒りやうんざりした気持ちが混じっていると思う。

さらに、捨てられたような感覚があるのか？　裏切られた感覚があるのか？　仕方ないという思いがあるのか？　疲労感があるのか？

あなたの悲しみに含まれた成分を、すべてリストアップしてみるんだ。

次に、リストアップしたそれぞれの感情に、ぴったりの処理方法を考える。


「友だちに付き合ってもらってとことん飲む」

「気が済むまで引きこもって、癒《いや》される曲を聴いて過ごす」

「弾丸旅行に行く」

「恋人と付き合ってからフラれるまでのエピソードを書き起こす」


いろいろな方法が出てくると思う。

悲しみの中に沈んで、ひたすら悲しむことも大切だけれど、そろそろ悲しみを消化したい、そう決意したら、この方法を試してみてほしい。

自分らしく幸せに生きていくために、友だちに頼ったり、音楽や映画の力を借りたり、自然の風景を見たりして、自分を癒し、労《ねぎら》い、励ますこともとても大切なんだ。

第3章

どんな感情も味方にする「魔法」みたいな生き方

人生が、嫌われ役の登場しないドラマだったら？

芸能活動をしながら店舗経営をしている友だちがいる。

彼女はお店を出してから怒りっぽくなって、落ち込んだり、焦ったり、感情が不安定になってしまったという。

そんな彼女から、僕は相談を受けたんだ。

「従業員に激怒してしまったの」

と、自己嫌悪に陥っているようだった。

「経営者なんだから、スタッフを叱らなくちゃならないことがあるのは当然だよ」

彼女もそれはわかっているようだった。

「でも、キツイ言い方をしてしまったのよ」

「僕の知り合いの経営者は、スタッフに伝えにくいことを伝える時は、演技するって言ってたよ」

「演技？　どういうこと？」

「怒るふり、焦るふりをして、スタッフにはっきりとメッセージを伝えたら、感情を引っ込めて幕を下ろすんだって」

「感情に幕を下ろせるの？」

「君、本業は女優だよね。僕より詳しいはずだよ」

僕は彼女に、感情をドラマ上の役柄と見なして、演じ終わったら休憩して、次の出番に備《そな》えるように言ったんだ。

そうして出演回数を重ねるうちに、最初は感情のままに怒ったり焦ったりしていたのが、だんだんと観客の存在を感じる余裕ができるようになる。

つまり、自分を客観視できる余裕ができるってわけだね。

「演じる」というのは、「冷静でいる」という証拠。

冷静になれば、自分の伝えたいメッセージも、上手に伝えられるようになる。

ドラマには、好かれ役もいれば、嫌われ役も登場するよね？

僕たちの感情も全く同じ。好かれる感情も嫌われがちな感情も、心の中を行ったり来たりしている。

ずーっと心の中にのさばって動かない、なんてことはなくて、突然現れてたちまちいなくなったりもする。

感情はそういうものだと理解して扱うと、とてもラクになるんだ。

とくに、面白いドラマには、必ずと言っていいほど強烈な嫌われ役が登場するよね。好かれ役だけしか登場しないドラマなんて、つまらないと思わない？

僕たちがネガティブとみなす感情は、言わば嫌われ役。嫌われ役でも、人生には必要だから出番があって、出番がない時は、舞台裏でそっと待機してる。

こんなふうに考えると、嫌われ役のネガティブな感情にも、愛を注《そそ》ぎたくならないかな？

「怒り」に隠されている防衛本能とは？

「怒ると爆竹《ばくちく》みたいになる。耳鳴りはするし、目はチカチカするし、頭もカーッと熱くなる」

怒りっぽいことで有名な友だちが僕に相談を持ちかけてきた。

僕は彼に言ったよ。

「僕も怒りを爆発させたくなる時はあるよ。でも、一度か二度爆発させてみてわかったんだ。後始末のほうが大変だってこと」

彼は首を傾げた。

「後始末？」

「そう。爆竹を鳴らしたあとって、紙くずが一面に散らかるし、当たり所が悪いと植木鉢とか窓ガラスとか壊《こわ》しちゃうだろう？」

「まあね」

「植木鉢とか窓ガラスを修理しなくちゃいけない。そんな感じで、人間関係のひびを修復するのって、かんたんじゃないよ」

彼は、鼻息を荒くした。

「でも、そしたら怒りは、やっぱりネガティブでよくない感情じゃないか。人間関係にひびが入るんだから」

「確かに、受け入れがたい感情ではあるよね。怒りの役割ってわかりにくいし。そこは、理性に助けてもらう必要があるかもね」

理性が怒りのストッパーになる、というのは誰しもが経験していると思う。

でも彼は、違うようだった。

「俺の場合、怒りが湧いたら、一瞬で理性なんか吹き飛んじゃうよ」

なるほど。理性のストッパーも、制御不能な時があるかもしれない。

「爆竹と言えば、中国語では『怒火沖天（怒りの炎が天まで届く）』とか、『火大到極点（怒りが頂点に達した）』みたいに、怒りを火で表現することが多いよね」

「そういう怒りって、やっぱりネガティブじゃないの？」

「うーん。僕にはやっぱり、怒りには怒りの役割があると思うんだよね」

「そうかなあ」

と彼。ちょっと不服《ふふく》そうだった。

「たとえば、急に何者かに襲われそうになったとするよ。もし恐怖を感じたら、君はどうする？」

「どこかに隠れるか、逃げるかな」

「だよね。じゃあ、怒りを感じたとしたら、君はどうする？」

「相手がどんなやつか、即座に見極めるかな」

「具体的には、どうするの？」

「ファイティングポーズを決めて、臨戦態勢に入る」

「そう、それ！　君みたいに、怒りを感じた人は、アドレナリンが急速に分泌されるんだ。筋肉が緊張して、視覚聴覚も敏感《びんかん》になる」

「それで、どうなるんだよ？」

彼は次第にイライラしてきたみたい。

「つまり、怒りを感じた時の君の状態は、高度な警戒態勢に入っているってこと」

「わけがわかんないんだけど」

「高度な警戒態勢に入った君は、君をイラつかせた人に対して、顔を真っ赤にして、低い声で怒鳴るかもしれない。その人は、これ以上は危険だと判断して、引き下がる」

「うん、それで？」

「敵が引き下がったら、君の安全は守られる」

「さっぱりわけがわからない」

彼は怒りを通り越して、呆れたようだった。

「つまりね、君の相手が君より弱い人だったらいいけど、ライオンや肉食恐竜ヴェロキラプトルや原子力潜水艦《せんすいかん》だったら、いくら君でも一瞬でやられちゃうだろう？」

「まあ、そうだな」

「ほら、ネズミや猫や、小動物はよく威嚇《いかく》するよね。あれは、警戒心を『怒り』のオブラートで包んでいるんだよ」

「俺は小動物かよ」

彼は顔を歪めながら、ちょっと笑った。

「でも、なんとなくわかった。怒りの状態が高度な警戒態勢であっても、相手を見極めないと、警戒していてもやられるってわけだな」

何が言いたいかって、怒りの感情は、自分を守る術からきているってこと。

僕は彼に、これを伝えようとしたんだ。

感情を操る最強の魔法の力

僕は、一つだけ気になったことを彼に聞いてみた。

「君は、怒りを爆発させたあと、毎回『後悔』はするの？」

彼は言った。

「そりゃ、もちろん。バカなことをしたなって思うよ」

「突発的に湧き上がる怒りって、長続きしないよね」

「俺の怒りって、湧いてくるスピードが速すぎるんだよ。ゆっくり深呼吸するとか、数をカウントするとか、冷静になるための方法なんか追いつかない」

「僕の場合は、氷を思い浮かべてるよ」

「え？　氷で怒りが抑えられるのか？」


星座やタロット占いなんかでは、水、火、土、風、といったエレメントがある。フアンタジー小説や映画でも、水の精霊《せいれい》や火の精霊なんかが登場するよね。

僕の好きな映画にも、火を操《あやつ》る炎の使い手と、場を凍らせる氷の使い手が登場するんだ。

僕がいいなと思うのは、氷の使い手。

火の力は制御不能になったり、火力を間違えたら跡形もなくなってしまうけれど、氷は、たんに一時停止させるだけで、解《と》けさえすれば元通りになるよね。

こういう火や氷の力を自分自身に置き換えるんだ。

僕は、突発的に湧き上がった怒りを、ごうごうと燃える火にたとえて、怒りの火を凍らせたり、水や氷で冷やすイメージをするようにしたんだ。

子どもっぽい、とあなたは笑うかな。

でも、あなたも試しにやってみてほしい。

怒りが湧いたら、アニメの魔法のように、その場面を凍らせるイメージをしてみて。

ディズニー映画『アナと雪の女王』のエルサみたいにね。

怒りの支配から抜け出す、とっておきの魔法を見つけよう

「物を凍らせる魔法っていうのは、あんまり好みじゃないな」

彼が顔をしかめた。

「じゃあ、どんなのが好きなの？」

「俺、本気で怒った時、相手を無性に殺してやりたくなるんだ。ちょっと異常だよね。自分でもわかってるんだけど」

うーん、と僕はしばし考えた。

「そうだ、君が好きな『ＮＡＲＵＴＯ』とか『ジョジョの奇妙な冒険』の登場人物になりきるのはどうだろう？」

「そうか、好きな漫画の登場人物をイメージして、技を繰り出すんだね。螺旋丸《らせんがん》とか」

「そうそう、螺旋丸とかスタンドとか考えている間は、怒りに振り回されない時間を稼げるよ」

「ちょっと楽しそうだな」

「ナルトたち忍者が、忍術をかける前にする動作はもっと時間を稼げそうだろう？」

「ああ、印《いん》を結ぶ[※9]んだよな。『臨《りん》・兵《ぴょう》・闘《とう》・者《しゃ》・皆《かい》・陣《じん》・烈《れつ》・在《ざい》・前《ぜん》』だな」

「うん。護身の呪文だね。唱え終わるまでに、何秒かはかかりそうだよ」

僕はナルトになりきって、印を結んでみた。

「子どもの遊びみたいだな」

彼は頭を掻《か》いた。

「確かにね。EQを高めていく工程って、子どもの遊びみたいなところがあるよ。ごっこ遊びとかね。たんに空想を巡《めぐ》らせているように見えるから、子どもっぽく見えてしまうかもしれない」

9　両手の指をさまざまに組み合わせて宗教的理念を象徴的に表現すること。ヒンドゥー教と仏教に共通する。神像・仏像にも見られる。印契。密印。

「でも、楽しそうだと思うよ」

「うん。楽しいし、生きていく上で、すごく役に立つんだ」

「怒」という漢字は、上が「奴」で、下が「心」になっているよね？

この組み合わせ自体が、「怒」ると「心が奴隷になり、支配される」という、珠玉《しゅぎょく》の教えになっているんだ。

怒りの手綱《たづな》を上手に握って、振り回されないように練習する価値は、大いにあると思うんだ。

僕の友だちは、「怒り」を感じた時「殺したい」という思いが湧くと言った。

もちろん、そんなことしないのはわかっているけど、その思いが湧き上がってきたことを、冷静に見つめてほしいんだ。印を結びながらね！

「殺したい」と思ったことに罪悪感を覚えるよりも、普段から、冷静にこの思いに「触れて」みるのがいい。

あなた好みの方法を考えてみるのもおすすめだよ。

あなたは、どんな不思議な力が好き？

身を隠す術？　それとも瞬間移動？

あなたが怒りの支配からどうやって抜け出すのか、ワクワクしながらイメージしてみよう。

言葉は祝福にも呪いにもなる

ベストセラー作家の友だちと食事をした時、彼女が僕に新しい小説をプレゼントしてくれたんだ。

直筆のサイン入りでね。

「サイン以外に何かメッセージは書かないの？」

と僕は彼女に聞いた。

「何を書いたらいいの？『快楽（よろこび）』？　それとも『幸福』？」

「面白くないね。僕は自分のサインによく『快楽』と『幸福』と、スマイルマークを添えるけど」

「じゃあ、真逆にしてみる？」

彼女は、本を一ページめくって泣き顔を描き、『悲傷（悲しみ）』と加えたんだ。なんだかちょっと恐ろしいかな。でも僕は、つい悪ノリしたくなって、

「せっかくだから、『幸福』の逆も書いてよ」

彼女は頷くと、『不幸』を書き足したんだ。

「こんなこと書いたの、生まれて初めてよ。すごく新鮮《しんせん》な気分ね」

「そうだね。僕も初めてで新鮮だけど……。うれしくは、ないかも」

僕は苦笑いした。

「あら、あなたみたいに変わった人でも、受け入れにくいのね」

彼女も苦笑して、続けた。

「じゃあ、あなたは『萬事如意[※10]（ばんじにょい）』って、幸せを祈《いの》る祝福の言葉だと思う？」

「もちろん」

「じゃあ、私があなたのライバルに『萬事如意』って言ったら？」

「相手にとっては祝福だし、僕にとっては呪いの言葉だね」

「そうよね。同じ言葉でも、人によっては祝福にも呪いにもなるのよね」

そして彼女は、歌うように呟《つぶや》いた。

「『他人の蜜は汝の毒』[※11]」

なるほど、と僕は思った。

そして、本に書かれた『悲傷』と『不幸』を見つめて、三文字付け加えたんだ。

『的意義』。

そのページの文字は、『悲傷、不幸的意義（悲しみ、不幸の意味）』となった。

「あら、面白い。呪いが消えたわ」

彼女が目を見張って、やがて笑った。

10　「何事もすべてあなたの思い通りになる」という意味。中国の新年の挨拶で使われる。
11　「誰かにとってはいいものでも、自分にとってはそうとは限らない」という意味。

ネガティブな感情の本当の役割

アメリカのある中学校で、話題になったスピーチがあるんだ。

当時の最高裁判所長官は、卒業生たちにこう伝えた。

「君たちがこの先、しばしば不公平に扱われることを願っています。君たちが裏切りに遭うことを願っています。孤独を感じるよう……、不幸に遭うよう……」

あなたは、耳を疑うだろうか？

もちろん彼は、卒業生たちに呪いをかけたわけじゃない。

「影がなければ光がわからない。影がなければ明るい光を当たり前のものだと思ってしまう」

という、つい忘れてしまいがちなことを話してくれたんだ。

永遠に平穏《へいおん》で、よろこびに満ちた日々でありますように。

一生失敗することがありませんように。

これって、一見、素晴らしい願いごとだよね。誰もが抱く願望だと思う。

でも、これって、甘いホットココアが好きな人に、毎日十杯くらい飲むようにと命令するようなものじゃないかな?

どんなにホットココアが好きな人でも、たぶん、三日と持たないだろうね。

だから、「永遠に」とか「一生」なんて考えないほうがいい。

不公平に扱われることがあって、初めて道理や正義の価値に気付くことができる。

裏切りに遭って、初めて誠実さの重要性に気付くことができる。

孤独を感じることがあって、初めて友だちのありがたみを知ることができる。

災難が訪れて、初めて自分の力だけで成功したのではなく、チャンスや運のおかげでもあることを、意識するようになる。

きっと彼は、スピーチでこんなことを伝えたかったんだね。

いわゆる「ネガティブ」だと思われていることのほとんどは、たんなる乱暴な誤解だと思うんだ。

ネガティブな感情なんて、少なければ少ないほどいい。

ネガティブな感情なんて、できればないほうがいい。

そう思う気持ちはよくわかる。でも僕は、それは間違っていると思うんだ。

ネガティブな感情を毛嫌いする人は、激辛の火鍋や餃子、スパイシーなステーキやフライドチキン、何を食べても甘さしか感じない味覚がほしいって、そんなふうに願っているようなものなんだ。

これって、祝福？　それとも呪い？

あなたはどう思うかな？

「死」と向き合うことは、ポジティブかネガティブか？

もしも、「よろこび」がスイーツの甘さにたとえられるなら、「悲しみ」はどんな美味しさだろう？

麻辣《まーらー》火鍋のしびれる辛さ？

フライドチキンのカリッとした食感？

どちらもピンとこないね。

麻辣火鍋の辛さは「怒り」。フライドチキンのカリカリ感はギラギラとした「欲望」、こうたとえたほうがしっくりくるかな。

ネガティブだと思われがちな感情のいくつかは、美味しさにはたとえられないのかもしれないね。だって、美味しいって感情自体が、ポジティブに感じない？

人生は、楽しいことより苦しいことのほうが多い。そう感じる人がほとんどかもしれない。

確かに、それは事実なんだ。

人生は、生きるか、生きるのをやめるかの二択。

だけど不思議なことに、生きられないとなると、たちまち生きたくなる。

それが人間なんだ。

サーフィン好きの友だちから、ある朝、メールが届いた。

「昨日、サーフィン仲間が交通事故で亡くなった」

メールからは悲壮《ひそう》感が漂《ただよ》っていたけれど、僕は亡くなった方を知らないから、漠然《ばくぜん》とした慰めの言葉を綴って返信するしかなかった。

30分後、彼から再びメールが届いた。

「今日は天気が悪いから、サーフィンにも行けない。何をしていいかわからなくて、退屈なんだ」

これには僕もびっくりしてしまい、

「退屈なの？　交通事故で亡くなった仲間のことを考えたら、退屈じゃなくなるよ」

しばらくして、彼からは「うん」とだけ返信があった。

大切な仲間が亡くなったのに、「退屈」？

なんてヤツだ！　不謹慎《ふきんしん》だ！　と、僕は怒ることもできたはず。

でも、じつは僕たちも彼とさほど変わらないと思うんだ。

何かにつけて退屈し、その気持ちをごまかそうとする。悲しみから逃れたくて、「死」から目を背けるんだ。

大切な仲間、友だち、両親、恋人、今そばにいる大切な人。

人は誰でも必ず死ぬのに、それを思い起こさないようにしてしまう。

ことあるごとに、「つまらない、退屈だ」とか「失敗した、もう嫌だ」と不満を漏らすのは、死を身近に感じていないから。

死があなたに迫ってきて、死神に背後から息を吹きかけられると、ただ生きているだけで感謝したくなるのに、ひとたび死が遠のくと、そう感じていたことを一瞬で忘れてしまう。

それが僕たち人間なんだよ。


生と死は表裏一体。

生きていることに意味をもたらす。

これが、死の価値。

死というのは、自分の価値をこんなにもかんたんに証明することができる。

僕たちは死を、悲しみ、不幸、苦しみ、落ち込み……、などと同じように忌《い》み嫌ってしまう。

だけど、死は、ポジティブでもなければ、ネガティブでもないと言えるんだ。

死はネガティブで、生はポジティブだと、かたくなに言い張る人もいるかもしれない。

それはじつに子どもっぽく、幼い考え方だと僕は思う。

生と死は自然の摂理。命本来の自然なありようは、ポジティブやネガティブなどでは、到底語れないものなんだ。

映画になくてはならない感情とは？

喪失。

寂しくて、悲しい言葉だよね。

失うのは、寂しいし悲しい。

でも、生きていれば必ず何かを失う。

たとえば、失恋。たとえば、死。

恋人が去っていった。大切な人が亡くなってしまった。

その時あなたは、喪失から目を逸《そ》らして生きていく？　それとも喪失から目を逸らさず、向き合って生きていく？


「悲しければ悲しいほど、お腹が空くのよ」

僕の友だちは、こう答えた。

彼女は有名な歌手で、コンサートの数日前に父親を亡くしてしまったんだ。お葬式のあと、彼女と食事をしたのだけれど、その時の彼女の食べっぷりに、僕は驚愕《きょうがく》した。

「体に穴でも開いてしまったの？」

僕の問いに、

「悲しければ悲しいほど、お腹が空くのよ」

そう答えたんだ。

「泣いて、体力を消耗《しょうもう》したのかな？」

「わからないわ。ただとにかく食べたいのよ」

彼女は遠くを見つめて、なおも呟いた。

「でも、泣けないともっと疲れるのよね」

すごいスピードで食べながら、彼女はまた涙を流したんだ。

映画鑑賞は、安全な冒険だと思う。

映画の主人公があなたに代わって、銃弾砲火を潜《くぐ》り抜け、天災人災に立ち向かってくれる。

あなたはシートに身を沈めて、ポップコーンを食べて、まさにその場にいるかのように、ドキドキハラハラを体験できてしまう。

恋愛映画では、あなたは運命の恋に翻弄されて、悲劇映画では、あなたは劇的な生き別れや死に別れを経験して、泣いて、笑って、2時間。

あなたは、完全無傷で映画館をあとにできるんだ。

僕たちの記憶に残り、映画ファンから熱く語り継《つ》がれるのは、決まって熱い涙を誘う悲劇だよね。

悲恋のラブストーリーは、なぜ愛を強く信じさせることができるのだろう？

その秘密は、「喪失」にあるんだ。

「喪失」は、人を震撼《しんかん》させて、気付きをもたらす。

反対の「獲得」のほうがハッピーな印象だけれど、「獲得」だと心は満足してくれない。

もしも、映画『タイタニック』で、ローズとジャックが二人そろって救助されていたとしたら、不朽《ふきゅう》の名作と謳《うた》われていただろうか？

観客に、運命の無情を目撃させて、「喪失」のダメージを深く刻《きざ》みつける。

そうして心を揺さぶることによって、映画の世界に陶酔《とうすい》させるんだ。

映画が終わってもなかなか現実世界に戻れなくて、目に涙を浮かべながら、思い返しては何かに気付く。

そんな状態にさせることができるから、「喪失」の痛みは、実際に失われていなくても感じることができてしまうんだろうね。

つまり、映画鑑賞は、「喪失」を味わうリハーサルのようなもの。

だからこそ、悲劇的なストーリーのほうが、明るく愉快《ゆかい》な喜劇よりも高く評価されることが多いのだろうね。

それなのに、僕たちは日常で「喪失」を恐れてしまうのはなぜだろう？

「喪失」に直面した時に頭の中で起こっていること

「勉強しなさい！」

あなたはよく、両親や先生からこう言われなかった？

勉強って、学校や塾の勉強だけなんだろうか、と僕はつねづね思う。

地に足をつけて、しっかり生きるために、映画やドラマや小説などのさまざまなストーリーを見聞きすること。これだって、立派な勉強だよね。

あらかじめ想定できていれば、いざ「喪失」に遭遇しても、必要以上に落ち込んだり、振り回されることはなくなるんだ。

僕たちは、慣れ親しんだ状態を一つ失うごとに、人生の変化と向き合うことになる。

子ども時代を失うことで、大人への道に一歩踏み出す。

親からの庇護《ひご》を失うことで、自分で責任を全うする人生へ突き進む。

安定した仕事を失うことで、より多くの選択の中へ足を踏み入れる。

こうした喪失には、不安や動揺がつきものだけど、心が揺さぶられる中で知覚が回復し、次に進むべき方向を模索《もさく》することができるようになるんだ。

これが、生きていく、ということ。

喪失に直面して、どうしたらいいかわからない時、「悲しみ」という小舟がひっそりと現れて、僕たちを乗せていく。

「悲しみ」という小舟は、浮き沈みを繰り返し、僕たちを涙させたりする。

「悲しみ」は、僕たちが知覚を回復するために必要な大切な感情。

だけど、「ネガティブ」と見なされたまま、無実の罪を着せられている気の毒な感情でもあるんだ。

時に「悲しみ」は、僕たちに付き纏《まと》い、プレッシャーを与える。無理難題を突き付けて、疑念を抱くように仕向けてくる。

でもね、それはすべて、あなたに思考させるためなんだ。

思わぬ出来事に遭遇すると、頭が真っ白になってしまうよね。周囲が見えなくなって、ショックのあまりぼんやりと生きてしまうこともあるかもしれない。

すると、「悲しみ」があなたの頭を占拠《せんきょ》して、

「なぜ？」

「どうしたらいい？」

と考えさせるようになる。

そうして、あなたの頭の中をドンドン叩《たた》いて、出口を見つけられるように導いてくれるんだ。

赤ちゃんが涙を流して泣く理由

「でも、やっぱり私、悲しいのは嫌」

父親を亡くした歌手の友だちは、目を腫《は》らして僕に言った。

食欲は依然《いぜん》として衰《おとろ》えず、豚ホルモンを平らげて、デザートに手を伸ばしたけれど、涙はもう止まりかけていた。

「そうだね。僕も悲しいのは嫌だよ」

「どうして悲しい時は涙が出るのかしら？」

涙を拭《ぬぐ》う彼女に、僕は言った。

「逆に聞くけど、赤ちゃんはどうやって泣く？」

「大声で泣くわよ。ギャーギャー泣き叫ぶわ」

「僕、思うんだ。赤ちゃんって、わざわざ泣かなくても叫ぶだけでいいはずだよね。本当のところ、涙を流したい赤ちゃんなんて、いないんじゃないかな？」

「じゃあ、赤ちゃんはどうやって意思を伝えるの？」

「そこだよ。お腹が空いたり、オムツを替えてほしかったら、ただ叫べばいいじゃないか。涙は役に立たないと思うんだよね」

「そうね。叫ぶだけでいいのに、どうして赤ちゃんは泣くのかしら」

「叫んでいると、口が渇《かわ》いたり、喉を痛めるからだと思うよ。体中の水分をすべて動員させて、潤《うるお》いを保っているんだ。涙は保護のために分泌されているってわけ」

彼女はアイスティーを飲み干した。

「なるほどね。だから先に大声で叫んで、鼻水や涙は潤滑剤《じゅんかつ》としての役目をしているってわけね」

「そういうこと。でもさ、涙って体だけじゃなくて、心を守る役割もある気がするな」

「大人にとっても、涙は必要ってこと？」

「たぶんね。涙があるから、悲しみが潤うのかもしれないよ」

僕も彼女と一緒に、デザートを食べた。甘くて、冷たくて、彼女が流した熱い涙を、鎮静《ちんせい》させてくれる気がしたんだ。

背中を押してくれる最強の問いかけ

彼女も、僕も、あなたも、いくら頑張っても、悲しみを避けることはできない。

もしも、長い間、悲しみの中から出ることができなくて、分身に、「なぜ？」「どうして？」と問い続けられても、いっこうに答えが得られない時、試しに、

「どうする？」

と、「ｗｈｙ」より「ｈｏｗ」を多めに問うようにしてみて。

悲しみの中にどっぷり浸《つ》かっている時、「なぜ？（ｗｈｙ）」と問うことは、神様に運命を尋ねているようなもの。神様からのお告《つ》げはいったいいつになったら届くだろう？

別れ話をしてきた恋人や、リストラを言い渡してきた会社の社長に、「なぜ？」と聞いてみても、きっと相手の答えは、あなたの怒りに油を注ぐだけだよね。

あなたはさらに落ち込んで、かえって怒りが倍増してしまう。やがて屈辱感がこみ上げてきて、さらに悲しくなってしまう。

「なぜこうなってしまったのか？」

と、すでに起きてしまって変わりようのない事実には、後ろ向きな答えばかりが出てきてしまうものなんだ。

それが、「なぜ？」「どうして？」がもたらす一面。

一方で、「どうする？（ｈｏｗ）」と問うことは、あなたはすでにどのような行動をとろうか、考える気持ちが芽生えているということ。

似ているようだけれど、全然違う。

何かを失っても人生は続くのだから、

「なぜまだ生きていかなければならないのか」

ではなく、

「どう生きようか」

と考えたら、そこから一歩一歩、悲しみの中から抜け出せるんだ。


たとえば、あなたの分身が、一年後へ飛んで撮ってきた写真を見せてくれる様子を、想像してみてほしい。

写真の中の世界は、きっとたいして変化していない。

でも、あなたの心の中は確実に変化が起きているんだ。

今、悲しみに溺れて息も絶え絶えなあなたは、一年後、悲しみのプールに足をついて立っている。呼吸も楽になっているよ。

焦らなくても大丈夫。

一年後、二年後、三年後まで分身を飛ばしてみれば、分身が必ず光を見出しているあなたを、見せてくれるから。

自称「普通」の人たちも、見えない「決まりごと」に侵されている

習慣的にネットニュースをチェックする人たちは、年中無休で自主的に、世の中の不正に目を光らせるネット警察みたいなもの。

毎日、部屋に引きこもって、

「こいつは人間のクズ！」

「あんなヤツに生きる資格なんてない！」

「こんな男と結婚するなんて、見る目なさすぎ！」

こんなふうに、人をジャッジしているだけで、限りある気力と体力と時間を無駄にしているだけなんだ。

しかも、自分とは全く無関係なことに、気力と体力と時間を消耗している。

こんな人たちの頭の中は、「べき」「べきでない」でいっぱいなんだ。

そう、「決まりごと」が詰《つ》め込まれている。

過去に教わった礼儀作法や一般常識、社会規範、あらゆる教育の賜物《たまもの》が、ガチガチになって体中に残っているんだ。

「私はそういうタイプじゃないわ」

と、あなたは安心したかな？

じつは、こうした世の中をジャッジしまくる人だけではなくて、自称「普通」の僕たちも、けっこう「決まりごと」に侵《おか》されているんだよ。

物事を、正しいか正しくないか、そういう基準で判断しがちで、これも一種の「決まりごと」になっているんだ。

決まりごとに侵されていると、それとそぐわないことを感じた時に、自分の本心を否定してしまう。

さらに厄介なのは、「決まりは決まりなんだから従《したが》うべき」と思い込み、他の観点から見てみようとしたり、他の広い世界を知ろうとすることも、認めなくなってしまうんだ。

すると思考が止まって、正常に働くべき理性も、あなたの外につまみ出されてしまう。

ありのままをありのままに見ることができず、何を考えても、何を感じても、あなたの本心とは隔《へだ》たりのあるものになっていくんだ。

あなたにとって本当は何が大切なのか？　わからなくなってしまうんだ。

あなたは、自分をリフォームしたいって、思ったことある？

暮らしをより快適にするために、家の中を優先するっていうのは、とても明確な答えだよね。

でも、もしも自分をリフォームするとしたら、外側が先？　内側が先？

僕たちの気力や体力には限りがあるし、時間も一日24時間しかない。気力や体力や時間は、お金よりもずっと貴重だと僕は思っているんだ。

それなのに、人はダイエットに明け暮れたり、整形に躍起《やっき》になったり、容姿ばかりを気にする。

それが間違っているとは思わないけれど、僕が不思議に思うのは、自分の内側にある心をほったらかしにして、見た目ばかり整えていること。

こんなふうに、本当に大切なことがわからなくなったとき、分身に、

「この感情の意味を考えるチャンスを逃さないで」

と耳打ちしてもらうんだ。

繰り返しになるけれど、そういう練習をしていくと、自分の感情がポジティブなのかネガティブなのか、考えなくても済むようになるんだ。

第4章

「生」を全うするために人生の在り方を考える

誰かと比べてしまう、自己嫌悪の原因とは？

私がもっと美人だったら。
私がもっとスリムだったら。
私がもっと背が高かったら。

鏡《かがみ》を見つめて、ため息をついたことはない？
あるいは、

私がもっと頭がよかったら。
私がもっと優しくて社交的だったら。

とか、あなたより成績のいい人や、あなたより優しそうで社交的な人を見て、自己

嫌悪に陥ったりしていない？

自己嫌悪の原因は、コンプレックス。

僕が親しくしている芸能人たちだって、じつはコンプレックスのかたまり。

何万人のフォロワーがいても、何十万人から推《お》されていても、僕の知る限り、コンプレックスのない人はいない。

芸能人だからこそ、ほんの少し太ったり、痩せたりしただけで、「劣化した」「オワコン」なんて、中傷されてしまう。


僕には、国民の女神と呼ばれている、芸能人の友だちがいる。

美人で魅力《みりょく》的な彼女にも、悩みがあった。

「恋人と別れたの。一緒にいるのがつらくて」

カフェの向かい側に座る彼女は、少しやつれていた。

「どうしてつらかったの？　あんなにうまくいっていたのに」

と僕。コーヒーを口にしてから、静かに聞いた。

「彼のそばにいると、プレッシャーがすごかったの。彼の友だちって、みんな高学歴でセレブなのよ。ニューヨークのどこどこ大学の博士とか、ロンドンのなんとか大学の修士とか」

「付き合っていたのは彼で、彼の友だちじゃないのに」

彼女が肩をすくめる。

「私も、前は海外で勉強したいと思っていたの」

「でも君は、留学していなくたってこんなに活躍しているじゃないか。国民の女神だよ。それに、留学経験がないことで、今困っているわけじゃないだろう？」

「そうだけど……」

「それに、もしも本気で勉強がしたいなら、スケジュールを調整して留学したらいいじゃないか」

僕は彼女を鼓舞《こぶ》した。

「彼のお母様、私のことが気に入らないのよ。セレブな人たちは、芸能界の仕事なんか恥ずかしいって思っているの」

「格の違い？　彼のお母様は古めかしい考えなんだね。でも、それが何だっていうんだい？」

わかってないわね、と言うように、髪をかき上げて彼女は言った。

「どのみち、うまくいかなくなるのよ。時間が経てば、彼もお母様や友だちの影響を受けるでしょうし」

「そうかな？」

「そうよ。大人になると、純粋な恋愛をするのは難しいのね」

確かに、大人になればなるほど、制限を感じることが増えるかもしれない。

友だちや知人、もしくはＳＮＳの見ず知らずの誰かを、自分の鏡にしてしまう。

「僕、思うんだけど。誰かが半分やった試合なんかを途中から引き継ぐなら、その人のやり方に従う必要はある。でも、人生は誰かから引き継ぐものじゃない」

「ええ、そうね」

「だったら、誰に従う必要があるの？」

「誰に、って……」

彼女は俯《うつむ》いて、口ごもってしまった。

コンプレックスは「理想の自分像」から生まれる

人との付き合いでコンプレックスを感じることは、とてもつらいことだよね。

そんな時は、あなたが思うコンプレックスの基準は、いったいどこにあるのかを考えてみるんだ。

だって、問題なのは評価の基準であるのかもしれないのだから。

評価の基準に問題があれば、どんなにパーフェクトな人だって、永遠に自分に物足りなさを感じてしまうよ。

思い出してみてほしい。

幼い頃から、僕たちは夢を持つように言われてこなかった？

歴史上の偉い人物を見習うように、すばらしい人生に憧れるように、親や先生から、教科書の言葉から、散々言われて育ってきたよね？

こうした種《たね》が、僕たちの心の中にはたくさん撒《ま》かれているんだ。

成長するにつれて、その種から芽が出てきて、僕たちは意欲に満ち、向上心溢れる人間に育っていく。

厄介なのは、それと同時に、どんなに頑張っても、背伸びしても届かない完璧な基準を無意識に作り上げてしまうこと。

この完璧な基準は、あなたが「こうなりたい」と生涯思い続ける、「理想の自分像」なんだ。

この「理想の自分像」と、あなた自身をちょっと照らし合わせるだけで、「美人じゃない」「痩せていない」「背が高くない」「頭がよくない」「優しくない」「社交的じゃない」といった、自分に不足している部分が、次々と浮かび上がってしまう。

幼い頃から心の中に隠れている「理想の自分像」によって、あなたは永遠に十分でないと感じさせられているんだね。

それは、ムチを打たれるのと同時に、「自分はダメだ」って自責の念を抱かされているんだよ。

それが、コンプレックスに変化するんだ。

もっと、もっと、自分を満足させたい。

その思いは、決して悪くはない。

でも、コンプレックスが過剰になると、自分で自分を褒めることも、認めることも、できなくなってしまうんだ。

それって、回し車の中で、ぐるぐると回り続けるハムスターみたいじゃない？

「自分はダメだ」っていう回し車の中で、必死に回り続けて進めない。

コンプレックスにとらわれている、僕やあなたみたいでしょう？

さっさと、ここから抜け出さなくちゃ。

「理想の自分像」基準から「自分らしく生きる」基準へ

「理想の自分像」は、案外些細な思い込みからくるものかもしれない。

「理想の自分像」をつい僕たちが掲《かか》げてしまうのは、理想の自分に近付けば、人生を100％楽しめてみんなに憧れられる、と思っているからじゃないかな？

でも、みんなって誰だろう？

それに、生きるよろこびを感じる方法には、お手本なんかない。

お手本がないんだから比べようもないし、本来ならコンプレックスなんて感じる必要もない。

たびたび自分を振り返ってみて、目指す生き方ができているか、反省するのはいいことだと思う。

でも、「理想の自分像」基準ではなく、一番生きるよろこびを感じる生き方をしているかどうか、という基準でチェックするのがいいよ。

つまり、「自分らしく生きる」ための基準でチェックするんだ。

国民の女神と呼ばれる彼女が、もしも生きるよろこびを感じるために留学したかったのなら、彼女はきっと「自分らしく生きる」ために、実行していただろうね。

でも、恋人の友だちや、恋人の母親の判断基準でプレッシャーをかけられ、コンプレックスを感じたのだとしたら、これは彼女にとっての自分基準ではなかったってこと。

時にコンプレックスは、「自分らしく生きる」ことを妨《さまた》げてしまう。

ポケットの中のコンプレックスを増やしたり、大きくするのはもうやめよう。

コンプレックスが大きくなっているように感じた時は、「理想の自分像」のせいで苦しくなっていないか、誰かの基準で自分を苦しめていないか、冷静に確認してみるんだ。

そもそもコンプレックスには、その人らしさを輝《かがや》かせる役割もある。

ある程度のコンプレックスは、誰にとっても絶対に必要なんだ。

つまらないから退屈するのか？
退屈しているからつまらないのか？

「生きるのって退屈だわ」

ストローでクリームソーダをかき回しながら、彼女が言った。

彼女は子役でデビューして、当時業界の大人たちも彼女をちやほやしていたんだけど、彼女が成長するにつれ、その人気は落ちていったんだ。

富と名声がなくなれば、生活も華《はな》やかではなくなる。そんな行き詰まりを感じて、彼女はいつも退屈していたんだ。

「退屈な時もあるよね」

僕は、コーヒーにミルクを入れながら言った。

「あなたも退屈するの？　なのに、どうしてそんなにいろいろなことをしようと思えるわけ？」

「僕は、退屈しているのがつまらないんだ。どんなことでも何かをしているほうが、面白いと思わない？」

「意味がわからないわ。私は何をしてもつまらないから、退屈しているのよ」

「何をしてもつまらないって言うけど、それ本当？　ロケットを作ったことはある？　パンダにエサをあげたことは？　オバケを捕《つか》まえたことは？」

「もちろんないわよ。あるわけないじゃない」

「だったら、『何をしても』つまらないんじゃなくて、面白いと感じることをしていないだけだね」

「じゃあ、もしもあれこれ手を出して忙しい思いをしたのに、面白いことが見つからなかったらどうするのよ？」

白と緑がぐにゃぐにゃに混ざったクリームソーダを、彼女は音を立ててすすった。

「少なくともその時点で一生を終えたということだよね？　やってきたことはつまらなかったかもしれないけど、面白いことを探しにいろいろな場所に行って、いろいろな人に会ってきたんだよね？　だったら、それで十分だと思わない？」

彼女のグラスは、すっかり空になって、ぼんやりと窓の外を見つめていた。

あなたも、彼女のように、「退屈だな」なんて呟くことはない？

彼女やあなただけではなく、多くの人が退屈ではない面白いことを探している。

ハッシュタグを付けては、ＳＮＳで検索して、あちこちで流行っている面白いことの情報だけを仕入れているんじゃないかな？

それって、あなた自身が感じる面白いことなのかな？

面白いと感じる自分基準について真剣に考える人は、今のところほんのわずかしかいないんだ。

生きていることを実感するために必要な感情

友だちと行ったテーマパーク。

キャラクターのカチューシャを身に付けて、思い切りはしゃいだ。

恋人と行った夏祭り。

珍《めずら》しく浴衣《ゆかた》を着て、屋台で買ったりんご飴《あめ》を頬張《ほおば》って、打ち上げ花火が上がるたびに恋人にしがみついた。

どちらも、あなたにとって楽しい思い出。

僕にも、楽しい思い出はあるし、楽しいことが大好き。

でも、僕はもういい大人だから、やたらと「楽しさ」だけを追い求めることは、もうないかな。


あなたに、一つ質問したい。

「繊細ゆえに、いろいろと感じることが多くて、楽しくない状態」

「鈍感《どんかん》ゆえに、何も感じることなく、ただ楽しい状態」

二つのうちどちらかを選ぶとしたら、あなたはどちらを選ぶだろう？

ちなみに僕は前者。

どうしてかって？

「楽しい」というのは、とても薄っぺらで、命を享受《きょうじゅ》するには役立たないから。

「命を享受する」というのは、「生きていることの味わいを噛みしめる」ってことかな。

僕の経験で言うと、これに役立つ感情は、

「興味」

「よろこび」

「心の安らかさ」

「達成感」

この四つかな。

この四つに比べると、「楽しさ」はたいして重要じゃない。

「満足感」と「幸福感」は、どちらも「興味」「よろこび」「心の安らかさ」「達成感」の組み合わせでできているんだ。

それぞれの比重が異なる、って感じかな。


「命を享受する」「生きていることの味わいを噛みしめる」というのは、あなたやあなたをとりまく環境、世界、それらをまるごと受け入れるということなんだ。

たとえば、日を背けたくなるような、あなたが望まないコンプレックスがあったとしても、それらを温かく見つめていくっていうこと。

少しずつ、拒絶せずに受け入れられるようになると、心の器が広がっていく。

これは、あなたがあなたらしく、心地よく生きるために、強力な土台となってくれるんだ。

僕は、訃報《ふほう》で記されている、

「享年○歳」

という表現が好きなんだ。

「何歳まで生きた」

ではなく、

「何歳まで、命を享受した」

という意味だから。

これって、死は趣深い旅行のゴールのようなものだと思わない？

「むなしさ」が人生に与える影響とは？

『ハリーポッター』に登場する、ディメンター。※12

12 『ハリーポッター』作中に登場する生物。別名を吸魂鬼。人間に絶望と憂鬱《ゆううつ》をもたらす。人間の魂を奪うことができ、奪われた人間は昏睡《こんすい》状態に陥る。

フードにボロボロのマントを被《かぶ》っていて、ブラックホールのような顔をしている全身黒ずくめの生物。

人の魂を吸って、抜け殻のようにしてしまうディメンターの正体って、何だと思う？

じつは、僕たちの感情にも、ディメンターやブラックホールのようなものがある。

僕は、それは「むなしさ」だと思っているんだ。

作中では、ディメンターを消滅させることは誰にもできない。追い払うことはできても、存在を消すことはできないようになっている。

そんな厄介なディメンターのように、「むなしさ」はふいに湧き上がって、僕たちの頭上をぐるぐる旋回《せんかい》する。追い払うことはできても、完全に消し去ることはできないところも同じだね。

人生には、もともとむなしい一面があるんだ。

人は、生まれたからには必ず死を迎える。

死ばかりは、どんなにお金を儲けても、どんなに善意を尽くしても、誰にも避けられない。

これが、人生をむなしく感じさせる、最大の原因なんだ。

むなしさというのは、たいていの場合、

「勉強したのに試験の結果が悪かった」

「頭を下げたのに業績につながらなかった」

「すべてを捧《ささ》げたのに愛を得られなかった」

というような、努力したのに報《むく》われなかったことから湧き上がることが多い。

努力が水の泡になってしまうと、急に何をしても退屈になって、むなしさを感じてしまうんだ。


もしもあなたが、頻繁に「むなしさ」を感じているのなら、きっと今はその必要があるからなんだと、僕は思う。

むなしくなると、人は疑問を持って立ち止まり、考えるようになるからね。

そして、考えることによって、「自分」を見つけることができるようになるんだ。

いつも主役でなくていい、脇役になっても大丈夫

あなたの人生の主役は、もちろんあなた。

だけど、もしも人生が舞台だとしたら、ずっと表舞台に立ちっぱなしでいるなんて、疲れてしまうよね？

でも、脇《わき》役や代役、観客だったとしたら？

視点は変わってくると思わない？

ひとまず主役にさえならなければ、人生を客観視することができるんだ。

あなたが、精一杯努力したにもかかわらず、試験の結果がよくなかったり、仕事で認められなかったり、最愛の人にフラれてしまったとしても、その過程で別の誰かの人生にかかわり、目標を達成するサポートをしたことに思いを馳《は》せたら、違う感覚になるんじゃないかな？

これだけは忘れないでほしい。

脇役や観客が欠けてしまっては、誰の人生も成り立たないということ。

自分なんて微々《びび》たる存在で、自分がいなくても代わりならいくらでもいる。

そう感じる人もいるかもしれない。

僕は断言するけれど、あなたは確実に誰かの役に立っている。誰が欠けても、この世界は成り立たないようにできているんだ。

昨日は主役で、明日は脇役に徹《てっ》する。

そうやって考えるようにすると、個人の成果にとらわれることがなくなるんだ。

みんなでサポートした過程や、みんなのサポートによって得られた成果に、目を向けやすくなるんだよ。

これこそが元気を取り戻して「むなしさ」を追い払う魔法なんだ。

人生の過程を面白がることが「むなしさ」を埋めてくれる

いつだったか、僕はあるゲームに夢中になった。

一番下のレベルから、一つ一つステージをクリアしていく、よくあるゲームなんだけど、一緒に遊んでいた友だちは、僕よりもランクが相当上で、戦闘力も装備も天と地ほどの差があった。

僕はだんだんとうんざりしてきたんだ。

すると友だちが、ゲームに登場する超レアアイテムと、僕が実際に持っていた数量限定のスニーカーを交換しないか、と言ってきた。

僕の返事は、もちろん即ＯＫ。

こうして、あっという間に、向かうところ敵なしのレベルになったのだけれど、三日も経ったら、なんだか味気なくなってしまった。

めんどうな過程をスキップして、苦労もなしに超レアアイテムをゲットしたのだから、すこぶるラッキーな状態だよね。

でも、とてもつまらなくなってしまった。

ゲームをクリアしても、きらびやかな装備を持っていても、誰かの代わりをしている気分で、ちっとも面白くない。

僕がコントロールしているはずのキャラクターにも、愛着が湧かなくなってしまったんだ。

結局僕は、いったんゲームをリセットして、また最初からゲームをスタートした。未熟《みじゅく》で低レベルのキャラクターを育てることにしたんだ。少しずつステージをクリアして、奮闘《ふんとう》する面白さが復活したよ。

こんなふうに自分に足りないところがあっても、そんな装備だからこそ、そんな自分だからこそ、人生は面白くなるのかもしれないんだ。

責任を持って何かに取り組んだり、その過程を面白がることが、むなしさを追い払う魔法というわけ。

自分という装備を活かして、その過程を面白がりながら、自分を生きてみない？

心と体はいつだってあなたを応援している

生きる、死ぬ。

この避けられない事態がある限り、人生のむなしさからは、逃れられないと思う。

心から納得できる答えを得ることは、とっても難しいことなんだ。

もしも、人生に意味を見出せなかったら？

きっと、来世にだって見つからないと思う。

意味というのは、同じことを二度すれば見つかるといった類《たぐい》のものではないからね。

でも、もしもあなたが、自分の人生に責任を持って、その過程を面白がろうとしたら、かなり手応《てごた》えを感じるに違いないよ。

だって、責任を持って成すべきことがある人や、過酷《かこく》な状況を面白がれる人は、

「疲れて死にそう！」

と言うことがあっても、

「退屈だわ。むなしいわ」

と呟くことは、ないだろうからね。


時には、むなしさに完全に打ちのめされることもある。

苦しくてたまらなくて元気が出ない。そんな人も、たくさんいると思う。

でもね、これだけは言える。

そんなあなたは、あなたじゃないんだ。

だって、この本を手に取ってここまで読む元気はあるのだからね。

つまり、何が言いたいのかというと、心と体は、あなたが思っている以上に、そうかんたんにはあきらめてはくれないってことなんだ。

あなたの心と体は、いつだってあなた基準の面白いことを探し続けているんだ。心と体が、あなたを生かそうとしているんだよ。

あなたが意識しなくても、心臓の鼓動《こどう》は続くし、脈は打ち続ける。髪や爪も伸びていくし、つらくても悲しくてもお腹は空く。

心がむなしさに支配されてしまった時には、体に思いを馳せてみるんだ。

いつだって、あなたを応援してくれているから。

「休憩してもいい」という心からのシグナル

「私、落ち込んでいるの」

久しぶりに会ったというのに、彼女は僕の前でこう切り出した。

彼女は僕の友だちで、創作活動をする芸能人。

「何を落ち込んでいるの？」

「歌よ。全くイケてない……」

最近、彼女は歌手デビューをしたんだけど、彼女が自覚するように歌声はいたって普通だった。

「死にたいくらい落ち込んでる？」

僕は聞いてみた。すると彼女はあっさり言った。

「そこまでじゃないわよ。ただ落ち込んでいるだけ。あなたは、死にたいと思うくらい落ち込んだことあるの？」

「もう長いことないな。中高生の頃は、しょっちゅう死にたいって思っていたけど」

「じゃあ、どうしてまだ生きているのよ？」

いたずらっぽく彼女が言うので、僕はこう言い返した。

「君より歌がうまいからだよ」

顔を見合わせてしばらく大笑いしたあと、彼女は胎児《たいじ》のように体を丸めた。

僕が様子を窺っていると、彼女は体を丸めたままパタンと横になって、目を閉じた。

「眠っているの？」

「ううん。これが私の、落ち込んでいる時のポーズなの」

「それが、落ち込んでいる時のポーズ？　ただ休憩しているだけにしか見えないよ」

「そうよ。起き上がるのが嫌になるくらい気持ちいいの」

彼女は頭を胸に近付けて、さらに体を丸めて言ったんだ。

「落ち込むっていうのは、休憩なの。生きるのって疲れるから、ゆっくり休むことだって必要よ」

僕は、さなぎになったような彼女を見つめていた。

生きていれば、誰しも落ち込むことはある。
僕にもあるし、あなたにもあるよね？
でも、彼女も僕も、あなたもできれば落ち込みたくはない。そう思いながら、僕は
彼女にならって、横になってみた。
彼女のゆったりとした呼吸に合わせて、僕も呼吸を整える。
吸って、吐いて、また吸って……。
なるほど。落ち込むということは、「休憩してもいい」という心から送られてくる
シグナルかもしれない。
体を丸めて横になって目を閉じる。
さなぎの中で、また時が来るのを待つ。
また自分らしく、のびのびと生きるためにね。

キッチュな感情は、キッチュな自分を生み出す

「昨日の夜は打ち上げだったんだけど、俺、みんなの前で大泣きしちゃったよ」

映画俳優の友だちが、苦笑いしながら僕に告白してくれた。

映画の撮影が終わると、たいてい打ち上げが行なわれて、撮影期間中のストレスを発散したり、撮影時の行き違いを、お酒の力で水に流したりする。

「打ち上げの時って、みんな泣くものだよね。卒業式みたいに」

と僕は言った。

「俺、もともとこの制作チームが嫌で嫌でたまらなかったんだ」

「じゃあ、どうして泣いたわけ？」

「みんなが泣いているのを見たら、突然泣きたくなってきたんだ。結局誰よりも大泣きしてしまったよ」

まだ目を腫らしている彼を見て、

「キッチュ[※13]」

という言葉が、僕の口から飛び出したんだ。

「え？　何？　キッチュ？」


キッチュというのは、もともとドイツ語で、「けばけばしさ」や「古臭さ」や「安っぽさ」などを意識しながら、それらの性質や状態を、あえて積極的に利用しようとする美意識のあり方のこと。

たとえば、観光地のお土産屋さんで売っている、あか抜けていないTシャツや、通俗的で安っぽい置物、派手な色彩で古臭いアクセサリーなんかを、あえて好んで使うのも、キッチュって言うかな。

キッチュは、感情の一種でもあって、キッチュな感情が湧き上がると、なんだか不思議な気分になったりする。

自分ではそんな気持ちは全くないのに、その場にいる人たちや、その場の雰囲気につられて、本物そっくりな強烈な感情が溢れ出てしまうんだ。

他人の影響で勝手に生まれるこの「キッチュ」という感情は、明らかに面白くない場面で、人の笑いが伝染してつい笑ってしまうというような、偽物の感情である自覚が強いケースもある。

はたまた、試合会場の耳をつんざく声援に大興奮して、試合なんかまるで興味がなかったはずなのに、気付いたら声を枯《か》らして力の限り応援するといったような、自分でも、本物だったのかと勘違いしてしまうケースもあるんだ。

キッチュが引き起こす、面白くも恐ろしい状況

僕は、小学生の頃、卒業生代表に指名されたことがあるんだ。

お世話になった先生や保護者に、長々と感謝を述べるお決まりのスピーチをさせられた。

スピーチ指導の先生から、

13　まがいもの。俗悪なもの。本来の使用目的から外れた使い方をされるもの。

「例年、卒業生代表の言葉のクライマックスで先生や保護者、生徒も全員泣いているよ」

なんて話を聞いた時、僕はあまりのプレッシャーに卒倒しそうになったよ。

だって、もし場がしらけてしまったら？　誰も泣かなかったら？

僕は石でも投げられるんじゃないか、ブーイングの嵐になるんじゃないか、そんな恐ろしい妄想《もうそう》をしてしまったんだ。

卒業式当日。壇上《だんじょう》に上がると、案の定僕の頭は真っ白になった。

今でもよく覚えているよ。

あの時、脳内で「ブー」という音が鳴り響《ひび》く中、アドリブで思いつく限りの詩や歌、美辞麗句《びじれいく》を、感情に訴えかけるようにして口にした。

せっかく暗記したスピーチなんて、そっちのけだったんだけど、何が起こったかって？

まず校長先生がハンカチを取り出して、目頭を拭ったんだ。続いて会場のあちこちから鼻をすする音が聞こえた。

ようやく僕は正気になって、暗記したスピーチを続けたんだ。

とくに可笑しかったのは、スピーチを指導してくれた先生が、僕のスピーチの寄り道に気付いていなかったってこと。

南極から北極まで行って戻って来たくらい、大回りしたにもかかわらず、大泣きしていたというのだからね。

これも「キッチュ」という感情が巻き起こした一幕。

なんだか感情の連鎖《れんさ》って、面白くもあり、恐ろしくもあるよね。

突然現れるよく知らない自分の正体

場の雰囲気は集団に催眠《さいみん》をかけ、集団は個人に影響を与えやすい。

礼儀やしきたりは、人を拘束《こうそく》できてしまうんだ。

たとえば、

「お笑い番組の編集で付け加えられる笑い声」

「感動的な番組でクローズアップされる、泣いている観客の姿」
「ネット動画の画面いっぱいに流れる、たちの悪いコメント」

これらは、僕たちの気持ちを煽《あお》って、意味もなく笑わせたり、感動させたり、文句を言わせたりする。

しっかりと自分軸があって、自分は誰かの影響を受けることなんてない、と信じている人ほど、キッチュに惑わされた自分の姿に、驚きを隠せないと思う。

自分のことは自分が一番よく知っている。そう、思いがち。でも、そんなことはないんだ。

知っているのは、かつて出現したことのある自分の様子や反応だけ。

未経験なことだったり、経験していたとしても認めたくなかったり、覚えていたくないことは、よく知らない感じがするものなんだ。

だから、卒業式や試合やライブのような特別なイベントでの出来事や、巨大な誘惑《ゆうわく》や喪失と遭遇した時には、見慣れない自分の一面が出現してしまう。

「キッチュな自分」というのは、そのうちの一つの顔にすぎないんだよ。

「自分らしく生きる」というのは、ナビのように「ここを左折」「あそこを右折」というわけにはいかない。

最短時間で効率よく目的地へ到着するなんて、ほぼありえないんだ。

絶え間なく変化する、あなたの内面を確かめながら、新たな一面を発見して、油絵の手直しをするように、こつこつと丁寧に生きてほしい。

命というのは、あなたが一筆一筆、自ら描いて完成させる、たった一つの絵画のようなもの。

印刷された、どこにでもあるコピーの絵ではないってことなんだ。

植物も人間も、鉢の大きさ以上には成長できない

ある日の深夜のこと。

サッカー好きの友だち二人が、それぞれ別の場所でサッカーの生中継を観戦していたんだ。

試合は欧州リーグで、盛り上がりも最高潮《さいこうちょう》のようだった。

僕のスマホには、

「審判《しんぱん》はイタリアびいきだ」

という怒りのメッセージと、

「審判はドイツにあまい」

と文句を言うメッセージが、両者からひっきりなしに届いていた。

いい加減、僕は煩《わずら》わしくなってしまって、

「同じ試合、同じ審判なんだから公平なはずだよ。少しは理性的になろうよ」

と、二人からのメッセージのスクリーンショットを添付《てんぷ》して、それぞれに返信してみたんだ。

数秒後、二人から同時にメッセージが届いた。

「サッカーの試合を観ているんだよ。どうして理性的にならないといけないわけ？」

これまで真逆だった二人の意見が、初めて一致《いっち》したんだ。

僕たちは普段から、

「自分は客観的に判断している」

と、当然のように思っている。

ところが、たいてい偏った主観的な見方をしているものなんだ。

だからこそ、両チームのファンそれぞれが、

「審判は、相手チームをひいきしているように見える」

そんな、奇妙な現象が起こってしまう。

人は、物事を判断する前に、手がかりを見つけるのだけれど、情報収集には限界があるし、脳の大きさだって知れたものだよね。

そのうえ、集まったデータの中から選ぶのは、自分が納得できるものなんだ。

自分好みの判断基準ってわけ。

それは、自分と違う人が大勢いる世界や、自分と異なる考え方が山ほどある世界の存在を、拒絶しているようなものだと、僕は思う。

鉢植えの植物は、鉢の大きさ以上には成長できないよね？

広大な地面に生えている植物こそ、本当の意味で成長できる。

空高く枝葉を伸ばして、地面奥深くまで根を張ることで、遠くに種を飛ばすことが

できるんだ。

人間の成長もこれと同じだと僕は思っている。

広い世界を感じる力を身に付ける

「益者三友[※14]（えきしゃさんゆう）」という言葉を知っているかな？

これは孔子[※15]（こうし）の教えなんだけど、僕はこの言葉を思い出すたびに、彼の見《けん》識《しき》の深さに頭が下がるんだ。

だって孔子は、遥か昔から理解していたんだよ。

「正直な友」「誠実な友」「物知りな友」が自分には必要だってこと。

あなたに異議を唱えてくれる人、いろいろな立場を理解できる人、見識が深くて多様な見方のできる人。

もちろん、生きていく上では、偏った自分の主観を許容してくれる存在も必要になる。

サッカーの試合を観る時は、思う存分、自分の主観に浸《ひた》っていてもいいんだ。ただ、もしも「自分らしく生きる」と心から決めたのなら、自分と真剣に向き合い、自分に広い世界を知るチャンスを与え、広い世界を感じる力を身に付けさせてくれるような人と付き合うようにするんだ。

「自分らしく生きる」というのは、一歩踏み出したら、一歩進むというような、とても現実的で、地に足の着いた生き方だよ。その歩みのすべてが、自分の力になる。観客席でビールを飲んだり、ピザを食べたり、選手や審判にブーイングするのに比べたら、苦労も多いかもしれない。

でも、満足感は最高だ。

「正直な友」「誠実な友」「物知りな友」とは、言ってみれば広い世界のこと。この広い世界を知り、あなたの理性に肥料《ひりょう》をあげて、あなたの心の芽を育てていこう。

14　交わって利益となる三種の友人。すなわち正直な友、誠ある友、博識な友。三益友とも言う。
15　中国、春秋時代後期の学者・思想家。儒家の祖。その思想や言動は言行録「論語」に記されている。

これまで受けてきた教育やしつけ、常識だと思ってきたことは、あなたに制限を加えたりしていない？

あなたの可能性を狭めるものではないかな？

あなたが掲げている目標や、公言している夢は、本当にあなたの望む生き方だろうか？


もう一度、よく感じてみてほしい。

もっと正直に、もっと勇敢に、あなたは、あなたを生きていい。

誰かと比べたり、むなしくなったり、苦しくなった時は、この広く豊かな世界を、思い切り抱きしめてほしい。

あなたの力で、あなたの人生を生きるんだ。

第5章

自分らしく生きるための「幸せ」の考え方

子どもの人生を縛りつける、歪んだ親の正義感

僕が10歳くらいの頃、時々家に来るお客さんがいたんだ。

とてもお金持ちで、古風なおじいさんだったのを覚えている。

ある日、僕はそのおじいさんから、世にも恐ろしい話を聞いたんだ。

「私の父は、母親からアヘン[※16]を与えられて育ったんだ」

僕は耳を疑った。子どもだった僕でも、アヘンがいけないものだっていうことはわかっていたからね。

「それは悪いことなんじゃない？　お母さんは、なんでそんなことをしていたの？」

僕は、わけがわからないなりにも憤慨《ふんがい》して、おじいさんに言及してしまったんだ。

おじいさんは微笑みながら、ことのいきさつを話してくれた。

「私の父は、お金持ちの家の次男でね。上にお兄さんがいたんだけど、このお兄さんが野心家だったんだ。きっと、もっとお金を増やそうとしたんだろうね。よくない仲

間にそのかされて、あれこれ投資して、家の財産の半分を減らしてしまったんだ」

「それで、お兄さんはどうなったの？」

僕はおじいさんに尋ねた。

「母親に叱られて、結局、お兄さんは家を出てしまったんだ」

そうして母親は、次男、つまりおじいさんの父親が、長男のようになってしまうのが心配でたまらなくなった。

そこで、次男にアヘンを吸わせたんだ。

まだ少年だった次男にアヘンを吸わせて、家から外に出ないように仕向けたんだね。家から一歩も出なければ、困った仲間ができることもない。野心を抱いたり、夢を見ることもない。

こうして次男はアヘンとともに人生を送り、家の財産も守られた。

その後、次男はお母さんが決めた相手と結婚して、子どもを授《さず》かった。その子ども

16　代表的な麻薬。日本では、あへん法により採取・所持・輸出入・売買が規制されている。モルヒネ・コデインなど種々のアルカロイドを含み、鎮痛・催眠作用を呈する。

のうちの一人が、この話をしてくれたおじいさんってわけ。

おじいさんは、僕に言ったよ。

「だからね、もしもアヘンという手段を使わなかったら、私もこんなに裕福《ゆうふく》な暮らしはできなかったんだよ」

僕は、どうにも腑《ふ》に落ちなかった。

「なんで、お母さんはそんなことができたの？　おかしいよ、絶対変だ」

ふつふつと怒りが込み上げてきて、僕はつい大声で叫んでしまった。

おじいさんの過去の話だというのに、とてもリアルに感じたんだ。

おじいさんは、礼を欠いた僕の振る舞いを咎《とが》めなかった。それどころか、やさしい面持ちでこう言ったんだ。

「そうだね、本当にそうだね」

とっさに僕は、自分の部屋に駆《か》け込んで、一人、悶々《もんもん》としたんだ。

自分が幸せかどうかの判断基準の見つけ方

今でも時々、僕はこの話を思い出す。

長男、次男、そして母親。

この三人のうち、望み通りに生きたのは、母親だけだろうね。お金も、次男も、自分のもとに残すことができたのだから。

でも、長男と次男は、どちらも幸せだったのかな？

あなたは、どちらが幸せだったと思う？

あなたがどちらかの人生を歩まなければならないとしたら、どちらを選ぶだろうか？

もしも「自分らしく生きる」という基準で選ぶのなら、答えは、長男になるよね。

長男には、思い切り自由に過ごした時間があったんだもの。

勘当《かんどう》されてしまったとしても、「自分」というものは守られた。

お金を使い果たして、家を追われて、身一つになったという経験が、長男の成長の基盤になったかもしれない。

もしかしたら、ハムレット[※17]のような、復讐心を引き起こしたかもしれない。自分の意思に従って生きていこうとする力と、学ぶ姿勢さえあれば、なかなかのドラマチックな復活を果たす可能性はあると思う。

全身傷だらけになりながらも、世の中を自力で渡り歩いてみたい人は、長男の生き方を選ぶんだろうね。

一方で、次男だったら？

生涯、アヘンのせいで体に力が入らなくて、そのくせ気持ちだけは妙にハイ。家から一歩も外に出られないから、友だちもできない。世間を知るチャンスもない。すべてのものごとを母親が決めているから、意思も育ちにくい。

ただ平穏無事に過ごし、経済的には豊かな日々が約束されている。

17　シェークスピアの四大悲劇の一つ。デンマークの王子ハムレットは、父王を毒殺した叔父と不倫の母への復讐を父の亡霊に誓うが、思索的な性格のために悩み、恋人オフェーリアを棄て、苦悩の末に復讐を遂げて死ぬ。

多くの使用人にかしずかれる、裕福な暮らしに憧れる人は、次男の生き方を選ぶかもしれないね。


もちろん、僕には、僕以外の人生を、ジャッジする資格なんかない。

でも、どちらが幸せだったと思うか、決めなければならないとしたら、その基準は、たった一つ。

「自分はどんな生き方を望んでいるか」

と、探究するチャンスが、どちらにより多くあったかということ。

自分基準で人生を見つめるチャンスが、どちらに多くあっただろうか？

「みんなにとっての幸せ」

を、探究できる人はいない。そんなものは存在しないからね。

あるのは、たった一つ。

「自分の幸せ」

だけ。

幸せになりたい人は、まず「自分」を持っていないといけないんだ。

「自分」を失くしてしまったら、引き出しは開けられない。

引き出しの中にある幸せは、「自分」という、たった一つの鍵《かぎ》じゃないと取り出せないんだ。

「成功」と「幸せ」のどちらかを選ぶとしたら？

人間と、他の動物の違いって、何だかわかる？
一番は「欲」だと、僕は思うんだ。
尊厳《そんげん》、名声、愛情、安定……。
これ全部、人間がほしいと思うもの。
他にも、地位やお金、幸せ、成功もほしいよね。
これらが満たされないと、「死んだほうがマシ」と思う人もいたりする。
困ったことに、欲望というのはキリがないんだ。手に入っても、もっとほしいと思ったり、今度は違うものがほしいと思ってしまう。

人間というのは、一瞬でも心の底から満足した、と感じることってなかなかないんだ。


僕が以前、社長さんたちにインタビューをした時のこと。

「どれだけ稼いだら満足しますか？」

という質問をしたんだ。

億万長者の社長さんたちは、

「より多くの人の生活を保障できるようになりたいからね」

「お金は、仕事をきちんとこなした副産物にすぎませんから」

「自分の能力を制限することはないだろう？」

といった、煙に巻くような返事ばかりで、誰も明確な数字を口にした人はいなかったんだ。

ただ、そのうちの一人は、本心だと思える回答をしてくれた。

「お金を稼ぐことの一番の楽しみは、数字じゃない。快感なんだ。この感覚をずっと味わっていたいから、やめられないんだろうな」

僕は「なるほど」と納得した。

彼の答えは、まさに「欲」を表していたからね。

一度快感を味わうと、「もっともっと」という思いが、死ぬまで永遠に続くんだ。

それの何が問題なの？　と、あなたは首を傾げるかな。

大した問題ではないのだけれど、強《し》いて言えば、いつか必ず手に入らない経験をする、というのが問題になるかな。

もしも、神様があなたの目の前に現れて、

「ここに『成功』と『幸せ』があります。どちらか一つを選びなさい」

と、右手と左手を差し出して、言ったとする。

右手には「成功」、左手には「幸せ」。

神様はニッコリ笑って、「数量限定だから、一つだけですよ」と念を押すんだ。

あなたなら、どちらを選ぶ？

成功しているけれど幸せじゃない、幸せだけれど成功していない、あなたはどっちがいいだろう？

幸せを感じる感覚は、誰にでも平等に与えられている

僕の友だちには、成功している人もいるし、幸せな人もいる。成功と幸せの両方を手にしている人もいる。

ただ、今のところそうだ、としか言いようがない。

なぜなら、成功と幸せの有効期限は短いからだよ。

幸せは、次の瞬間にパッと消えてしまう可能性もある。

成功は、幸せよりも多少は長持ちとはいえ、こちらも消えやすいことに変わりはない。

これは呪いでもなんでもなくて、人生の本質なんだ。

人生の本質をちゃんと認識できれば、僕たちは「欲」に惑わされずに、毅然《きぜん》として、動じずにいられるんだよ。

ちなみに、成功と幸せの二択では、幸せを選ぶ人が圧倒的に多い。

成功っていうのは、条件が山ほどあるからね。自分では成功したつもりでいても、他者からは認められていない場合もある。

こう考えると、成功というのはハードルが高いのかもしれない。

一方、幸せは成功と比べると、ハードルは低いように思う。

幸せの基準は自分次第。幸せというのは、自分の感覚が決めるものだからね。

僕たちの一生を力強く支えてくれるものは、自分次第でなんとかなるんだ。

あなたの幸せは、あなた次第でどうにでもなる。

これって、とてもラッキーだと思わない？

幸せを感じる感覚は、誰にでも平等に与えられているんだ。

その感覚を目覚めさせるために唯一必要なのは、自分の感情と向き合うこと。

自分の感情と向き合うことを、学んで、練習することなんだ。

生きていくことと感情は、セットになっていて、決して切り離せない。あなたがいくら「いらない」と言っても、付いてきてしまうんだ。

偽りの自分を認めると失ってしまうもの

「あの人、どうしていつも私の足を引っ張るわけ？」

と、彼女は鼻息を荒くした。

じつは、彼女が腹を立てている相手は、彼女自身。

それって、どういうこと？　と、あなたは首を傾げたかな。

これは、テニス界のレジェンド、マルチナ・ナブラチロワ選手[※18]の話なんだ。

ある大会の試合が始まったばかりの頃、彼女は新人選手に負け続けてしまった。

すると、試合が進むにつれて、どんどん力の出し惜《お》しみをした。わざと全力を出さないようになっていったんだ。

もしも全力を出して、新人に負けてしまったら、

「自分の実力はもうこれまでだ」

という残酷な結論と向き合わなければならないからね。

そう心のどこかで思っていたから、自分で自分の足を引っ張ってしまったんだ。

じつは僕たちも、日常的に彼女と同じことをしているんだ。

これを心理学では「セルフ・ハンディキャッピング」[※19]という、自分で自分にハンデを付けているような状態とされている。

たとえば試験前に、徹夜《てつや》をして必死に勉強していたとしても、もう手遅れだという思いが、頭をかすめたとする。

すると、平気なふりをして、友だちとカラオケに出掛けるようなことはないかな？

試験結果が悪くても、

「だって、勉強しなかったのだから当然。勉強していたらできたはず」

と言い訳をして、一時的にでも安心していられるよう、あらかじめヘタなお芝居《しばい》をうっておくんだ。

18　1956年生まれの元プロテニスプレイヤー。自己最高世界ランク1位。
19　自分の失敗を外的条件に求め、成功を内的条件に求める行動や行為を指す心理状態。

直視したくないダメな自分を、見えにくくするためにね。

僕も、弱い自分や認めたくない事実を、見えにくくしたことがある。

以前、読書に関するテレビ番組の司会をしたのだけれど、視聴率はほぼゼロ！

「テレビを観る人と本を読む人はタイプが違うんだから、テレビで読書をすすめたって視聴率なんかとれないよ」

と自分を慰めてみた。これって、完全に言い訳だよね。

当時は、その結果が自分の力不足だと思うのが嫌だったんだ。つい目を逸らして、別のものを見ようとしてしまう。

こうして、見るべきことをまるっと覆《おお》い隠してしまうと、安心感に包まれたり、清々しい気分になるよね。

この状態を心理学では、「偽《いつわ》りの希望シンドローム」※20と呼んでいる。

「一億稼いでやるからな」とか「ノーベル賞をとったら結婚しよう」とか、その兆候もないのに口にして、上機嫌になっている人も、この状態になっているんだ。

実際にその結果が手に入っていない状態でも、目標が大きければ大きいほど期待も強まるから、僕たちは想像だけで幸せを感じることができる。見たくない現実を見ないでいられて、しかもいい気分でいられる。ある意味、最高かもしれない。

でもね、「セルフ・ハンディキャッピング」や「偽りの希望シンドローム」状態に陥っていると、人生が滞《とどこお》りがちになるんだ。

だって結局、自分や現実から、逃げているのだからね。

自分を騙す「心のゲーム」の勝者になる

とは言っても、そもそも「セルフ・ハンディキャッピング」や「偽りの希望シンドローム」は、人間が過酷な環境で自分を守り、生き抜くための、一種の動物的習性なんだ。

20 努力や行動が不足しているにもかかわらず、希望や目標を持つことに満足している心理状態。

重要なのは、逃げるのではなく、自分を守るためにあるということ。

生きていると、つらいこともある。

直視したくないものをカモフラージュして、適度に見えにくくするのは、じつのところ、自分らしく幸せに生きていくための力にもなるんだ。

冷静に我に返った時に、

「こんなことをしていたら自分を生きられない」

と、自覚を強めるいい教訓になったりする。

だけど、僕たちは使い方を間違ってしまっているんだ。

とくに注意が必要なのは、「偽りの希望シンドローム」状態の人。

自分が失敗した原因が他にあると思い込むと、失敗に失敗が重なり、無限ループにはまって抜け出せなくなってしまう。

失敗が続いてしまうと、そのうち自分を否定しがちになる。

現実とかけ離れた理想の自分や、別人に変身したかのように思い込んで、妄想で現実を生きようとする、とても危険な状態になるんだ。

妄想の自分が破綻《はたん》した時、現実のあなたも破綻してしまうからね。

それじゃあ、どうしたらこの状態を抜け出して、自分らしく幸せに生きることができるようになるのかって？

無意識的に作用している、物事を見えにくくする動物的習性を見破る必要があるんだ。

考えてみると、スポーツ、囲碁《いご》や将棋《しょうぎ》、トランプなどのカードゲーム、コンピューターゲームなんかは、相手を騙す、という暗黙《あんもく》のルールがある。

騙し、騙されるからこそ、ゲームが成立して、面白くなるんだよね。

騙す力は、確実に人に備わっている力なんだ。

自分で、自分を騙す手段を解明していく。それができれば、見るべき自分をしっかり見つめることができる。

「自分らしく生きる」という目標へ、正しく舵《かじ》をとれるようになるんだ。

動物は本能のままに生きていけるけれど、人は動物よりも心を揺さぶられたり、かき乱されることが多いから、本能以外の力を使って命を支える必要があるんだ。

娯楽《ごらく》としてのゲームではなく、自分らしく幸せに生きる力という、圧倒的な経験値

を得られるのが、「心のゲーム」っていうわけ。

そんなゲームを楽しまないなんて、もったいないと思わない？

何かのせいにした時、自分らしさは消えてしまう

「最近また改名したの」

改名というのは、文字通り「名前を改める」ということ。

「また」っていうくらいだから、彼女はたびたび名前を変えているんだ。

「そんなに名前を変えてばかりだと、お客さんに覚えてもらえないんじゃないの？」

と、僕は言った。

「改名しなくたって、覚えてもらえていないし」

僕は、相談事があるという彼女にお呼ばれしたんだ。彼女は僕に、湯圓※21（タンユエ

21　中国の伝統的な小吃の一つ。もち米の粉で作った餡入りの白玉団子。ゆで汁と一緒に食べることが多い。

ン）を作ってくれた。
「君は、運勢を占って改名しているんだよね？」

「ええ」

「なんで、そんなにしょっちゅう占い師にみてもらうの？」

「興味本位かなぁ。それほどお金はかからないし」

僕は、もちもちした白玉団子を飲み込んでから言った。

「君って、生命力が強くて気力旺盛《おうせい》なほうだと思う？」

彼女は白玉団子を頬張りながら、

「それって、関係あるの？　気力は普通にあると思うけど」

怪訝《けげん》な表情で聞いてきた。

「うん。占いに頼ってばかりだとね、お金はそんなに減らなかったとしても、何かをしようとする気力が知らないうちにどんどん減っていくんだよ」

「まさか、そんなわけないわ。道士※22に頼んで法術をかけてもらうとか、見えない存在と取引しているわけじゃないんだから」

「うん。それはわかってるよ」

「それに、『お金のない人は運が好転し豊かになれるよう何度も運勢を占い、お金持ちは運がこのまま変わらないよう何度も線香をあげて祈る』っていう、中国の古い言い伝えだってあるじゃないの」

「占いが悪いって言ってるんじゃないんだ」

「じゃあ、なんなの？」

もちろん、占いも悪くないし、彼女だって悪くない。

でも僕は、何度も運勢を占って運を変えようとすると、逆に貧《まず》しくなると考えているんだ。

人生において、失敗したり、問題が起こる原因はさまざまだよね。自分だったり、他人だったり、運が原因のことだって十分にある。

原因が人にある時は、分析したり反省することで、結果を次に生かすことができて、成長につなげられるんだ。

でも、運が原因だとしたら、分析や反省のしようがない。

身代わりの藁《わら》人形に悪運を託《たく》したり、それこそ、改名するという方法を何度も試すしかないと思うんだ。


「でも私だって、占いに１００％頼っているわけじゃないのよ。ちょっと試してみるだけっていう、軽い気持ちなのよ」

「うん。それもわかるんだけど」

　と、僕は前置きして、彼女に言った。

「でも、いったん『試しにやってみる』という気持ちが生まれてしまうと、それだけで気力という君のエネルギーが削《けず》られてしまうんだよ」

「そうかしら？」

「たとえば、悩んでいる問題が解決するように神頼みをする。そうすると、一時的でも神様が問題を預《あず》かってくれたような気がして、肩の荷が軽くなるよね？」

「そうよ、それでいいと思わない？」

「問題が解決しなかったとしたら、自分の元に戻ってくるだけだけど、その時の気持ちはどうだろう？」

「どう、って……」

「どうして神様は助けてくれないんだろう？　って思わない？」

「……思うと思う」

「自分で解決しなきゃいけない問題なのに、いつのまにか、神様のせいみたいになってしまう。僕には、そんな気がするんだよ」

自分で解決しようとする気力は、遠く遠く、魔のバミューダトライアングルまで飛んで行ってしまって、あげく消息不明になってしまう。

やみくもに、占い師まかせで画数をみてもらって、何度も自分の名前を変えるのは、僕は違うと思うんだよ。

努力しようという気持ちを、失っているような気がするんだ。

天にも法則はあるかもしれないけれど、人事を尽くさずして天命を聞くのではないんだ。

人事を尽くして天命を待つんだよ。

感情を実況中継する「自分チャンネル」を開設する

僕の友だちに、惚《ほ》れっぽい女の子がいて、彼女は男の子を好きになると猛烈《もうれつ》にモーションをかけるんだ。

ある男の子を好きになった時も、何度断られてもめげずにアプローチしてた。するど、ついに彼から自宅に招かれて、代々の先祖を祀《まつ》る部屋に通されたという。

彼女はもう、有頂天になってしまって、

「彼はついに観念して、先祖の前で私に結婚を申し込むのよ」

と、期待に胸を膨《ふく》らませた。

彼は彼女の手を握りしめて、こう言ったんだ。

「昨日見た夢で、おばあちゃんのお告げがあったんだ。僕たちは一緒にはなれないって」

彼の手の熱と、まっすぐな瞳《ひとみ》で、彼の誠意は彼女に伝わったそうだよ。彼女は、全身から力が抜けてしまったらしい。

「私、彼の先祖まで動員せざるを得ないほど、彼を追い詰めてしまっていたんだわ」

と、泣き笑いの顔で、僕に話をしてくれた。

彼は彼で、彼女を傷付けまいと苦心したんだろうね。万策尽きて、ご先祖様という見えない力に解決を委《ゆだ》ねたんだ。


あなたは、運勢を変えるために占いをしないかもしれない。

神様に願ったり、ご先祖様を頼ったりもしないかもしれない。

でも、ちょっとだけ考えてみてほしい。

あなたが車を運転していて、たまたま車体をこすってしまったら、犬のフンを踏んでしまったら、

「ツイてない」

って思うんじゃないかな。

「ツイてない」って、どういうことだろう？

それは、物事を運のせいにすることなんだ。
もしも、車を運転していて車体をこすってしまったのが、あなたの家族だったら、
「ちゃんと見ていなかったんじゃない？」
なんて、注意したりしないかな？
犬のフンで靴《くつ》を汚してしまったのが、あなたの友だちだったとしたら、
「歩きスマホはダメだよ〜」
なんて、冗談めかして言うんじゃないかな？
こんなふうに、僕たちは案外、失敗した時の原因をすぐに突き止められるんだよ。
でもそれは、自分が失敗した時ではなくて、誰かが失敗した時なんだ。
自分のことも、ちょっと外側から見てほしい。客観的にってことだね。
そうすれば、失敗の原因を、運や神様のせいにすることはなくなるかもしれない。
学びや成長の機会を失ったり、気力が失われずに済むかもしれない。
自分を、ちょっと外側から見る時には、あなたの行動や感覚や感情、あなたの心の
反応を、あなた自身でこまめに実況中継するといいよ。
「あ、今、ガガガッという音がしました。車をガレージでこすってしまったようです。

傷はどんな感じでしょうか、気になります。いろいろな感情が駆け巡っていますが、まずは安全運転を続けて原因を探っていきましょう。余裕を持って準備しなかったからかもしれません」

とか、

「犬のフンを踏んでしまいました。白い靴じゃなく黒い靴だったのが、不幸中の幸いです。でもこれからは、歩く時はスマホを見るのをやめたほうがいいかもしれません」

こんなふうにね。

「あ、ツイてない」と言いそうになったら、自分チャンネルに切り替えるんだ。

あなたがあなたを実況中継する、自分チャンネル。

この練習をすると、今まで見えていなかったことに気付くようになる。

自分チャンネルには、例によって「分身」が登場してくれるから、あなたとあなたの周囲の様子に気付かせてくれるんだ。

人が変わっていくのはいたって自然な現象

「変わったね、って言われたんだ」

テーブルに運ばれた黄魚煨麺（イシモチ煮込み麺）を見つめながら、友だちが力なく呟いた。

「それはよかったね、おめでとう」

僕はさっそく、食事に手を付けた。

「え？　おめでとうって言った？　しかも、この状況で先に食べる？」

「うん。だって、このレストランが美味しいって、君が言ったんだよ」

「そうだけど……」

「君はどう『変わった』って言われたの？」

僕は、麺を頬張りながら聞いてみた。冷めないうちに、彼も食べればいいのに、と思いながらね。

「前の僕と全然違うって言われた」

「ねえ、前の君っていうのは、いつ頃の君のことなんだろう。7歳？　17歳？　それとも、その人と知り合った日？」

彼はあっけにとられたようで、返事はなかった。

彼は、芸歴の長いタレントで、ファンからもずっと変わらないと称賛されている。

そのせいもあってか、

「変わった」

と言われただけで、麺がイシモチのダシを吸って伸びていくのを、平気で見ていられるほど、落ち込んでしまった。

一見筋が通っているようで、じつは全く筋が通っていないことを、彼は冷静さを欠いて口走っているんだ。

僕はレンゲで慎重にスープをすくい、麺をちょっとだけ乗せた。

この麺を最高に美味しく食べるためには、コツがいるんだ。

それは、レンゲの中のスープと麺のバランスに細心の注意を払うこと。

シェフが計算して作った一杯を、レンゲの中で再現するんだ。

でも、僕がいくら吟味して、スープと麺を配合したとしても、シェフが作った渾身《こんしん》の一杯と同じものは、決して作れはしない。

麺一つとったって、変わっていくのだから、人が変わるのなんて当然だと思わない？

過去に執着するのは、川の水を塞き止めているのと同じこと

変わらない、変わった、って人はよく言うけれど、

「変わった」

って、いったいどういうことだろう？

「変わらない」

というのは、そんなによろこぶべきことかな？

前のあなたは、いったいいつのあなたのことなんだろう？

誰かの漠然とした言葉を、漠然としたまま受け取ってしまうと、漠然とした感情が生まれてしまう。

ただなんとなく否定されて、ただなんとなく自分を否定してしまう。


「変わった」って何が？

「変わった」としても、それはいけないこと？

「変わった」という、今の自分を、私自身はどう思っている？

「変わった」自分が、私は好きだ。


こうやって、自分にかけられた言葉は筋が通っているか、考えてみるんだ。

僕たちは、たびたび、

「こんなことしていたら、元の自分じゃなくなっちゃう」

「私はやっぱり前の自分のほうが好き」

というふうに、「変わった」ことを否定する。


でも、「元」や「前」の定義って、なんなんだろう？

今日のあなたと昨日のあなただって違うのに、「元の自分」「前の自分」なんてあるのか、僕にはわからないよ。

だけど、たった一つ、僕なりに納得できる考え方があるんだ。

「元の自分」「前の自分」とは、

「これまでの人生で一番のびのびしていた頃の自分」を指している、という考え方。悪くないでしょ？

でも今を生きているのに、過去の自分に執着《しゅうちゃく》する理由ってあるかな？

「元の自分」「前の自分」に執着することは、サラサラと流れる川の水を、わざわざ塞き止めて、淀んだ水たまりにするようなものなんだ。

人が変化を受け入れられない理由とその対処法

人は、「未知」のことが嫌いなんだ。

嫌いというより、不安なのかもしれない。

あなただって、通い慣れた道なら安心だけれど、初めての道を歩いて、深い森の中へ入っていかなくてはならないとしたら、不安で心配でたまらなくなるよね？

人生もこれと同じ。だからみんな、変化を望まないんだ。

自分が変わることも、世の中が変わることも望まない。

すべてが今まで通りであればいいと思うんだ。

とは言え、あなたもわかっているように、世の中は毎秒変わっていく。

気候も、地形も、変わっていく。そこに暮らす僕たちだって、必然的に変わっていくんだ。

あなただけが変わらない、というわけにはいかない。

そうした「未知」に対して、もしかしたら不安ではなく、「恐れ」を感じることもあるかもしれない。

だけど心配しなくていい。

物事をありのままに認識する「見る力」が育ってくると、本来の姿を本来の大きさで捉えられるようになるんだ。

そうして、手に負えないくらい巨大に見えた、未知への「恐れ」もコントロールで

きるくらいの大きさの「不安」として認識できるようになる。

いずれにしても、「恐れ」や「不安」に触れて、その出所を明らかにしていこう。

すると、未知の中に含まれる「幸せ」という宝物を、あなたは両手でキャッチすることができるようになる。

せっかくなら、宝物をゲットしたいよね。

「元の自分」「前の自分」にしがみつくのは、もうおしまい。

知らない一歩を踏み出して、未知の自分を探す旅に出るんだ。

世の中も、自分も、誰もが、変わっていく。

怖がらずに変化を受け入れ、勇敢に生きていこう。

思い通りにいかないから人生には味がある

最後に、こんな昔話をあなたに紹介したい。

愚公《ぐこう》という90歳くらいのおじいさんがいたんだ。

愚公の家の前には、大きな山があった。

家の前が塞がれていたから、とても不便だった。

そこで、鍬《くわ》やスコップで山を崩すことにしたという。


よくある昔話といえばそうなんだけど、なんとも奇妙な話だよね。

でも、僕はこの話を、たんなるフィクションだと決めつけたくはない。

この世界には、これまで膨大《ぼうだい》な数の人間が生きてきたわけで、生涯かけて山とケンカする人がいたとしても、おかしくはないと思うんだ。

それに、世の中には、一生自分とケンカしている人もたくさんいるくらいだしね。

一見、無駄だったり、矛盾していたりするのに、それに気が付かないで腹を立てたり、むきになる人がいる。

僕にも、愚公のような経験があるよ。

人生は挫折《ざせつ》や失敗に溢れているんじゃないかと腹を立てたこともあったし、望むモノやコトが手に入らなくてむきになったことも、しょっちゅうあった。

したいこともできなくて、自分の人生がほとほと嫌になって、世の中にも嫌気がさしていたんだ。

「なんとかして人生を変えたい。世の中を変えたい」

そう、強く思っていたんだけど、全くうまくいかなかった。

だけど、ある時僕は、シンプルな事実を見落としていたことに気付いたんだ。

それは、人生や世の中は、自分一人で成り立っているわけではなくて、大勢の人がかかわって成り立っているということ。

冷静に考えてみれば、自分の望みが、いつも他の誰かの望みと一致するなんて無理だよね。

僕がそれでも、力尽くで自分の思い通りに変えた時、別の人も思い通りにしたら、どうなるだろう？

たくさんの人の人生や、世の中が混乱してしまうだろうし、すぐに思い通りになるのなら、もはや望みではなくなってしまうよね。

でも、僕はあきらめなかった。

他人の人生や世の中を混乱させずに、自分の望みを叶えながら自分らしく生きていく方法が、きっとあるはずだと思ったんだ。

そこで僕は、自分が望むように変えることができた時や、反対に思うように変えられなかった時、何がよくて何がダメだったのか、時間をかけて理解して少しずつ修正していけないだろうかと、考えるようになった。

その答えは、「自分自身を変える」ということだったんだ。

あなたを変えるのは、あなただけ。
あなたを救うのも、あなただけ。

愚公の話に戻るけれど、愚公は、家の前に山があることが気に入らなかった。

でも、自分の家を移動させようとは考えなかったんだ。苦労をいとわず、自分の手で山を移動させようとした。

冷静な人たちは、愚公の行為は理解できないだろうね。

「自分が引っ越せばいいのに」

と思ったかもしれない。

もしも、愚公が、家を塞ぐ山だけを見ていたのではなくて、その上の広大な空に目を向けていたとしたら、家を移動させられる場所が無数にあるということに気付いたに違いない。

果てしなく広がる空を仰《あお》ぎ、清々《すがすが》しい新鮮な空気を吸って、怒りを落ち着かせられたかもしれないね。

僕も、人生や世の中を変えようとするよりも、自分を変えればいいと気付いた時に、一瞬にして世界の広さや空気の爽《さわ》やかさを感じられるようになったんだ。

自分には、変えられるところがたくさんある。

性格、気分、物事の捉え方、考え方。

すべて、心地よく自分を生きるために、よりよく変化させていくことができる。

その過程は、偏りのないニュートラルな視点で、物事をありのままに見る力を養《やしな》ってくれる。

柔軟《じゅうなん》で、広く大きな心を、育てることにもつながっているんだ。

あなたはつねに分身という自分自身と会話をして、少しずつ改善を加えながら、望む方向へ歩んでいくんだ。

それこそが、自分らしく生きたいと望む人が、進むべき方向。ＥＱを高めていく道なんだよ。

この道を歩いていくと、きっと手応えを感じることができる。

そして、どんどん歩みを進めていく力も湧いてくる。

あなたが変わっていけば、変えることが不可能だと思っていた人生や世の中も、少しずつ変わっていくんだ。

初めての道を進んでいくと、景色も、出会う人も変わる。人があなたを見る目も変わる。

それは、あなたが変わったからなんだ。

他人の考えをそっくりそのまま自分に取り入れるのをやめて、物事をありのままに認識できるようになって、自分や他人を否定することがなくなった。

そんなあなたに、変わったからだよ。

もしも愚公が、山を移動させるのではなく、自分が移動しよう。そういう発想をして、自ら動いたのなら、彼の目に映る山は、邪魔な障害物ではなくなっていたと思うんだ。

探究しがいのある世界、味わい深い風景に、変わっただろうね。

この本では、そういうことを伝えたかったんだ。

山を変えるのではなく、自分を変える。

レッテルだらけの自分なんて、本当の自分じゃない。

あなたを変えるのは、あなただけ。

あなたを救うのも、あなただけ。

偏りのないニュートラルな視点で、あなた自身を、そして世界をありのままに見つめよう。

それは一番価値のある、これからの人生の最高のスタートになるはずだから。

訳者あとがき

長井由花

さかのぼること4年弱、私はフォレスト出版さんから、蔡さんのプロフィールをA4一枚にまとめてほしいとの依頼を受けました。蔡さんの情報がわかる日本語のサイトもないので……とのことです。そこで、せっかくなら経歴の羅列だけでなく、お人柄を感じられるものにしたいと思い、蔡さんがインタビューを受けている動画を手始めに、関連動画を時間の許す限りひたすら視聴したり、調べものをしました。結果、すっかりファンになってしまった私は、「編集者さんたちにも蔡さんの魅力を知ってほしい！　でもA4一枚では伝えきれない！」と、ご要望の形の資料のほか、頼まれてもいない付属資料を作成してお渡ししたのでした。この時は、翻訳のお声がかかるとは、想像もしていませんでした。

私が初めて原書を読んだのは、このリサーチより前のことですが、実は途中でギブアップしています。難しい内容ではないのに理解できなかったのです。ところが、リサーチを終え再びページをめくると、とてもおもしろく、まるで蔡さんが話すのを聞いているような気分で一気に読み終えました。そして、もはや理解できなかったことなどすっかり忘れていたとき、翻訳のバトンを受けることになるのですが、全体を一字一句検討する段階で初めて気づきました。難解なのです。蔡さんの頭の回転の速さや、独特な発想力が関係するのかもしれませんが、つながりが見えにくく理解が追いつかない等、複数の困難がありました。

勝手な加筆修正はできませんので、内容に影響がない範囲でなんとか工夫し、訳を完成させました。編集者さんからも修正はこちらでしますと言われ、一旦仕事は終了したのですが、数カ月後にまたお声がかかり……（この後も少々あるのですが、長くなりますので省略）、最小限を心がけた加筆修正を私が行い、一節ごと意味が通りやすい状態にすることになりました。これまでの経験から、編集者さんに状況を理解していただく必要があると思い、変更した箇所は理由をコメントに残したり、変更案を二つ提示したりと、慎重に作業を進めました。編集者さんも大変だったはずです。完成稿だけ見たいというのが本音だったでしょうが、快くやりとりしてくださいました。これは蔡さんや台湾の版元さんに対する、フォレストさんの誠意だと思います。

結果として、日本の作家さんによるアレンジや、ページ数を大幅に減らす編集が入ったので、原書とはかなり異なるものとなりました。十〜二十代の人たちにも受け入れられやすいように、という、フォレストさんのご判断です。書名も見出しも違えば、アレンジもされていますので、原書をご存知の方はびっくりなさると思います。私も驚きました。原書の魅力がわかる分、変更を残念に思う箇所もありますが、原書の根幹をなす考え方とズレがないようお願いし、気になる点はお伝えしたうえで、全て、二十代の編集者さんにおまかせすることになりました。

コロナの影響もあり、断続的ながら、数年にわたり本書と関わることになりました。この間、私も実践してみましたが、激しい感情に襲われたとき、その感情に振り回されにくくなり、疲れなくなりました。まだ感情を味わうのは苦手ですが、蔡さんもおっしゃる通り、手応えがあるので、前に進む力がどんどん湧いてきています。四十代の今、もっと早くに知りたかった！　そう思っています。

注記について

※1、2、3、4、6、7、8、9、13、14、15、16、17、22は、『広辞苑 第七版』（新村出／岩波書店）より一部引用・抜粋して作成。

【著者プロフィール】
蔡康永（ツァイ・カンヨン）
台北生まれ。中華圏で最も有名とされている番組司会者および作家。彼が司会を務める番組「康熙來了（康熙が来る）」は毎年15億回以上のクリック数と視聴数を誇る定番番組となっている。音声プラットフォーム「Ximalaya」で配信している心の知能指数オンラインレッスンは、中華圏における全ての心の知能指数関連のコースの中で最も売れている。さらに、中国最大のソーシャルプラットフォーム「Weibo」ではファン数が3,000万人を超え、初代「King of Weibo」に選ばれた。また、中国最大のオンライン書店の1つである「博客來」では、『鬼滅の刃』（集英社）の作者・吾峠呼世晴氏とならび、ベストセラー作家に選出されている。主催した初めての朗読プログラムでは、日本の古典漫画を多数紹介。初めて司会を務めたインタビュー番組では、多くの日本の著名人にもインタビューをするなど、長年にわたり、中国のリスナーに日本文化の素晴らしさを情熱的に紹介してきた。UCLA（カリフォルニア大学ロサンゼルス校）では、映画制作の修士号を取得しており、司会業と執筆業に加えて、ファッションデザインや芸術創作にも携わり、さまざまな分野に広く深い影響を与えている。

【監訳者プロフィール】
森美樹（もり・みき）
1970年、埼玉県生まれ。1995年、講談社にて少女小説家デビュー。恋愛小説を7冊出版したのち休筆。金融業、医療事務、占い師のアシスタントを経て、2013年、新潮社R-18文学賞にて読者賞を受賞。著書は『主婦病』『私の裸』『母親病』（以上、新潮社）、『神様たち』（光文社）、『わたしのいけない世界』（祥伝社）。参加アンソロジーに『黒い結婚 白い結婚』（講談社）がある。小説のほかにエッセイやコラムの執筆も行っている。タロット占い師としても活動中。

【訳者プロフィール】
長井由花（ながい・ゆか）
お茶の水女子大学大学院 人間文化研究科 中国近現代文学専攻 博士後期課程単位取得後退学。復旦大学大学院にて外国人のための中国語教育（3年制科学碩士）を学ぶ。人文科学修士（お茶の水女子大学大学院）、対外漢語教育修士（復旦大学大学院）。大学在学中に台湾留学の経験がある。日本の大学院在学中、複数の大学にて中国語非常勤講師を務めていた。現在は友人知人からの依頼があった際に、翻訳等中国語に関する業務を行っている。

私をやめたい。でも今日くらいは笑ってみる

2023年12月2日　初版発行

著　者　蔡　康永
監訳者　森　美樹
訳　者　長井由花
発行者　太田　宏
発行所　フォレスト出版株式会社
〒162-0824 東京都新宿区揚場町2-18　白宝ビル7F
電話　03-5229-5750（営業）
　　　03-5229-5757（編集）
URL　http://www.forestpub.co.jp

印刷・製本　日経印刷株式会社

ISBN978-4-86680-245-9 Printed in Japan
乱丁・落丁本はお取り替えいたします。